H. H. Stuckenschmidt

Schöpfer
klassischer Musik

Hans Heinz Stuckenschmidt

Schöpfer
klassischer
Musik

*Bildnisse
und Revisionen*

im
Siedler Verlag

*Für
Maria Borgmann*

Inhalt

Barocker Weltbürger

Georg Friedrich Händel

Das Wort »barock« hat in den romanischen Sprachen den Ne-
bensinn des Lächerlichen, unmäßig Gezierten und Überlade-
nen. Auch die deutsche Kunstgeschichte bis zu Jacob Burck-
hardt neigt solcher Deutung zu, erfährt Korrektur bei Heinrich
Wölfflin, die aber nicht hindert, daß der Begriff des barocki-
schen Schwulstes zur kritischen Waffe in den Händen von Romantikern und Klassizisten geworden ist.

Gibt es ein musikalisches Barock? Die Frage ist umstritten.
Bildkunst und Tonkunst entwickeln sich nicht synchron, und
beide stehen vielfach geschieden von der Geschichte der Literatur. Dennoch überwiegen gemeinsame Züge die trennen-
den, und wenn man die Musik zwischen 1600 und 1750 charak-
terisieren möchte, so ist das Wort »Generalbaß-Stil« wenig
empfehlenswert, da es autochthone Formen der Musik für Kla-
vierinstrumente, zu denen die Orgel gehört, nicht einbezieht.
Bezifferte Bässe, das bedeutet: Auflehnung gegen polyphones
Denken, Hegemonie der Oberstimme in Begleitung einer
akkordtragenden Grundstimme. Weder Bachs »Wohltempe-
riertes Klavier« noch Händels Chorfugen ordnen sich dem
Begriff unter.

»Barocco« im Sinne des portugiesischen Ursprungs meint
unregelmäßig wie die Form gewisser »schiefrunder« oder ecki-
ger Perlen. Dazu treten Eigenschaften wie die der ornamenta-
len Unersättlichkeit, die sich nun tatsächlich in Architektur,
Plastik und Dichtung so unverkennbar aufzeigen läßt wie in
der Musik des siebzehnten und des halben achtzehnten Jahrhunderts.

Unersättlichkeit. Es gibt kaum einen Begriff, der stärker an
den künstlerischen und menschlichen Kern des Barockmusi-
kers Georg Friedrich Händel zu rühren vermöchte. Von Anbeginn ist der Sohn des Hallenser Baders und Chirurgen ein ruhe-
loser, nach jeder Art von Unterweisung gieriger Geist. Gegen
des Vaters Willen nimmt er Musikunterricht, macht er sich mit
Geige, Oboe, Cembalo und Orgel vertraut, wird er Schüler des
Fugenschreibers Friedrich Wilhelm Zachow, des Organisten

Porträt von William Hogarth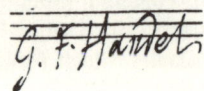

der Liebfrauenkirche. 1698, eben zwölfjährig, läßt er sich am
Berliner Hof als Klavierspieler hören. Der Vater stirbt; nach
Absolvierung der Lateinschule läßt sich der Junge an der Juri-
stischen Fakultät immatrikulieren, wird aber gleichzeitig
Domorganist. Die Pandekten fesseln ihn nicht. Ein Jahr später,
1703, reist Händel nach Hamburg, wird an Reinhard Keisers
Oper angestellt und befreundet sich mit Johann Mattheson,
der ihn auf Pilgerfahrt zum alten Dietrich Buxtehude nach
Lübeck mitnimmt, bei einer Opernaufführung Streit mit dem
Jüngeren bekommt, bis sich beide mit schweren Säbeln schla-
gen.

    1706 reist der sächsische Riese zum erstenmal nach Italien.
Er sieht Florenz, Rom, Venedig, tritt den beiden Scarlattis nah,
wird Liebling des römischen Adels, Mitglied der exklusiven

»Arcadia«, Protegé des kunstsinnigen und dichterisch begab-
ten Kardinals Ottobuoni. Hatte ihm noch Mattheson mangeln-
den melodischen Sinn nachgesagt, so lernte er hier den italienischen Stil der kantablen Melodie. Mit der Oper »Agrippina« ist
1709 in Venedig die italienische Lehrzeit beendet. Händel reist
nach Hannover, findet dort den Absprung nach London, das
seine eigentliche Heimat wird. Die englische Aristokratie
nimmt ihn begeistert auf, und sorglos läßt der Deutsche für die
Königin Anna seinen hannoverischen Dienstherrn im Stich.
Er kopiert Henry Purcell, will englische Musik machen und
wird in raschem Siegeszug zum Herrscher der italienischen
Oper an der Themse. Händel ist nun, wie sein französischer
Biograph und Apologet Romain Rolland formuliert, »Hof-
musiker für einen kleinen, auserlesenen Kreis«. Er hat den
Hannoveraner Georg, Annas Nachfolger auf dem Thron, zu
versöhnen gewußt; nach dem Herzog von Burlington, dessen
Gastfreundschaft er auf Piccadilly genossen hat, verpflichtet
ihn Graf Carnarvon, der spätere Herzog von Chandos, als
Schloßkomponisten in Cannons. Händel muß um diese Zeit
einen magischen Reiz ausgeübt haben; etwas von diesem Zauber reflektiert das Jugendporträt von Thornhill, das den strahlenden, hühnenhaft großen und starken Mann im Galakleide
zeigt. Sein Studienfreund Johann Christoph Schmidt läßt in
Ansbach Familie und Wollhandel zurück, um sein Faktotum
zu werden.
  1719 ist Händel Leiter der neu gegründeten »Royal Academy of Music«. einer italienischen Operntruppe, für die er in
Deutschland Sänger anwirbt. »Radamisto« eröffnet die Saison
im King's Theatre am Haymarket. »Meine Lehrzeit ist abgeschlossen«, meint der Liebling des Schicksals. In diesem
Augenblick beginnt der Kampf: Händel schreibt jetzt für die
Öffentlichkeit. Wie später Gluck in Paris, findet er in London
italienische Konkurrenz. Giovanni Bononcini beherrscht den
neuen, eingängigen, ungelehrten Stil um eine Nuance besser.
Beim »Muzio Scaevola« ist der Erfolg geteilt. Das Publikum
spaltet sich in zwei Cliquen. 1722 wird das erste Sorgenjahr.
Innere Kämpfe bewegen die Oper. Die Primadonna Francesca
Cuzzoni rebelliert; bei den Proben zum »Ottone« kommt es zu
der berühmten Szene: der sächsische Riese hält die Widerstre-
bende zum Fenster hinaus, droht sie fallen zu lassen, bis sie

sich seinem Kunstwillen fügt. »Ottone« wird ein Triumph, »Giulio Cesare« gefällt.

Händel herrscht nun im weltlichen wie im geistlichen Bereich. Er spielt die Orgel in St. Paul's Cathedral, die Prinzessinnen sind seine Schülerinnen. »Rodelinda« wiederholt den Erfolg des »Ottone«. 1726 wird Händel englischer Untertan und »Composer of Musick to the Chapel Royal«.

Die barocke Oper spiegelt nicht nur stofflich den Geist des Absolutismus, auch ihre Protagonisten fühlen und gebärden sich als Monarchen. Händel muß dem Kastraten Senesino, muß auch den Primadonnen Faustina Bordoni und Francesca Cuzzoni Gagen von zweitausend Pfund jährlich zahlen, dem Kaufwert nach das Vielfache dessen, was heute Opernstars verdienen. Die beiden Damen danken es ihm 1727 durch eine schamlose Prügelszene auf offener Bühne. Man muß die Saison abbrechen. Ein Jahr darauf stellt der Berliner Johann Christoph Pepusch die »Beggar's Opera« nach einem Libretto John Gays auf die Szene. Der Triumph der Parodie erzwingt die Schließung des King's Theatre. Flink gründet Händel eine »New Royal Academy of Music«, reist nach Italien, spürt Sänger auf, lernt Pergolesis Musik lieben, macht noch der alten Mutter in Halle einen letzten Besuch.

»Lotario«, mit dem 1729 die Saison eröffnet wird, läßt die Londoner kalt. 1734 wendet sich der Adel, geführt vom Prince of Wales, offen von Händel ab. Der tröstet sich mit der Komposition absoluter Musik, schreibt eine Folge von Concerti Grossi und Orgelkonzerten. In Tunbridge Wells heilt er die ersten Symptome körperlichen Verfalls. Seine Schaffenskraft blüht neu auf: »Alexanderfest«, Wedding Anthem, die Opern »Arminio« und »Giustino«, neue Orgelkonzerte. Aber die Physis rächt den Raubbau an Energie: ein Schlaganfall lähmt Händel, tiefe Depression umdüstert seinen Geist. Da rettet ihn mit blitzhafter Heilung eine Aachener Gewaltkur.

Noch einmal wird, zusammen mit dem Schweizer Abenteurer Johann Jakob Heidegger, 1737 eine Oper gegründet. Nach Anfangserfolgen wie dem des heiteren »Xerxes« wendet sich Händel allmählich dem Oratorium zu: »Saul«, »Israel in Ägypten«, die Cäcilienode, dazu ein Stoß Sonaten, Orgelkonzerte und Concerti Grossi. Die beiden letzten Opern »Imeneo« und »Deidamia« fallen durch.

*»The Charming Brute« – Karikatur auf Händel
von Joseph Goupy (1754)*

Händel, 55 Jahre alt, ist ruiniert, lebensmüde, hat gerade noch die Kraft zu einer Fahrt nach Dublin. Hier erstrahlt der Ruhm des »Messias«, der drei Jahre später auch die Engländer begeistern wird. Händels letzte große Schaffenszeit beginnt. Er hat ein neues Publikum gefunden. Die Bourgeoisie erkennt in ihm den Künder englisch-nationaler Glorie. Mythische und biblische Stoffe stehen symbolisch für Phasen britischer Geschichte. Intrigen, die sich 1745 noch einmal erheben, können diesen Erfolg nicht hindern. »Samson«, das Dettinger Tedeum, »Judas Makkabäus« (den die Nationalsozialisten 1939 zum »Feldherrn« umgedichtet haben), »Herkules«, »Belsazar« und »Jephta« sind nur die wichtigsten Wellen in diesem Strom oratorischen Singens.

Abermals und endgültig fliegen Ruhm und Reichtum dem immer Tätigen zu. Händel häuft Kunstschätze in seinem Haus, kauft einen Rembrandt, gibt aber auch große Summen für wohltätige Zwecke wie das Foundling's House. 1750 sieht er Deutschland noch einmal. Eine Kur in Cheltenham soll ihm neue Kräfte geben. Aber 1751 beginnt das Augenleiden, das eine Operation nicht lindern kann. 1753 ist der Achtundsechzigjährige so gut wie blind. Er muß seinem Hallenser Freund, der sich nun Smith nennt, alles diktieren. Noch kann er Bearbeitungen durchführen wie die des 1707 komponierten Oratoriums »Triumph der Zeit und der Wahrheit«; noch spielt er meisterlich Cembalo und Orgel. Aber mit dem Augenlicht verrinnt der Kontakt zu der geliebten Welt sichtbarer Dinge. Der Optimist von einst wird zum Weltverneiner. Der Genießer, der zwei Menüs zu essen gewohnt war, verweigert alle Nahrung.

Blind dirigiert Händel noch in Covent Garden den »Messias«. Gleich darauf erkrankt er, stirbt am 14. April, wird am 20. im Westminster Abbey beigesetzt.

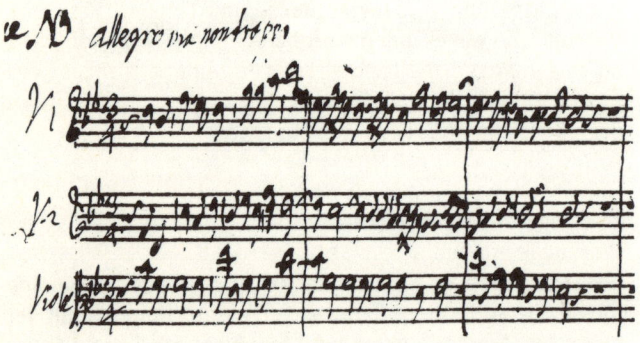

Ausschnitt aus einem Concerto grosso

Bewunderung an dem Mann verdient die Vielfalt seines Schaffens, der nie aussetzende Fleiß, mit dem er einen Gaurisankar täglicher Arbeit bewältigt. Wichtig ist Händel als Vorbild eines barocken Weltbürgertums, das sich alle nationalen Stile dienstbar macht, ohne einem ganz zu gehören. Soziologisch buchenswert bleibt seine Wendung vom Luxuskünstler des Adels zum Freskomaler des bürgerlichen Publikums.

Eben dieser Zug ins Breite, dem Dritten Stand Geöffnete beim späten Händel mag Beethovens Enthusiasmus erklären.

Doch schon Mozart erkannte, wie oft in Händels Musik der sublime Einfall totgehetzt wird in unersättlichem Sequenzieren; seine Bearbeitung des »Messias« merzt gnadenlos das überflüssige Ornament aus. Das späte Barock mit all seinem Glanz und Schwulst, mit dem pompösen Faltenwurf seiner Herrschergebärde, mit der auftrumpfenden Kraft einer Lautstärke, die den inneren Zweifel, mitunter die Verzweiflung überlärmt – in Händels Musik hat es sich erfüllt. Nicht von ungefähr aber hat ein Nebenweg des expressionistischen Theaters zu Händels Opern und szenisch dargestellten Oratorien geführt. Die Göttinger Renaissanceversuche der zwanziger Jahre glaubten dem romantischen und dem naturalistischen Opernspiel durch barocke Helden- und Götterstoffe begegnen zu können. Was das neunzehnte Jahrhundert an Bach gutgemacht hatte, wollte das zwanzigste an Händel nicht versäumen.

Der Hallenser Europäer war solchem Maß nicht gewachsen. Bach und Händel sind inkommensurable Größen: jener eine Welt der stets wachsenden Verinnerlichung, aus kleinem, gläubigem Umkreis in die Tiefe wirkend und allmählich alles Kommende einbeziehend wie mit Zaubermacht; dieser ein Mann der lebenslang sich verschwendenden Geisteskraft, vom eigenen Affekt erschüttert, nach außen gewendet, Tatmensch wie Eugen von Savoyen, dem er jung begegnet war, in die Breite zielend und dadurch gebunden an die Zeit, die mit ihm endet. Wie zu Sebastian Bach die demütige Größe seines Menschentums, so gehört zu Händel die Großartigkeit eines Managertums, das damals im Bereich der Theaterführung seinen modernen Namen bekommen hat.

Die ewige Harmonie

Johann Sebastian Bach

Porträt von I. I. Ihle (1720) –
Eisenach, Bachhaus

Von Johann Sebastian Bachs zwanzig Kindern wurden vier
Söhne als Komponisten berühmt, nachdem ihm schon drei
Generationen bedeutender thüringischer Musiker vorausge-
gangen waren. Das Faktum steht in der Erblehre ziemlich iso-
liert da. Merkwürdiger aber noch und für uns unbegreiflicher
ist, daß Johann Sebastian zu Lebzeiten zwar als der größte
Orgelspieler galt, als Komponist aber nie den Ruhm erreicht
hatte, der seinem Sohn Carl Philipp Emanuel, später auch dem
viel jüngeren Johann Christian so reichlich zufloß.

Sein Tod änderte daran zunächst nichts. Johann Sebastians Musik galt als überkompliziert, zopfig, gelehrt und veraltet; sie geriet schließlich in Vergessenheit. Ihr barocker Formalismus, ihre polyphone Kunst war für die Generation des »galanten Stils« ein Buch mit sieben Siegeln. Man bewunderte den Kontrapunkt, die harmonische Erfindung. Aber man wollte derlei Künste nur als Extrakte gelten lassen, ohne sie als Musik anzuerkennen. Das Schicksal, zwischen zwei Zeitaltern zu stehen, wurde zum Verhängnis. Bach stirbt im Sommer 1750. Es ist das Jahr, in dem die Hexenprozesse in Deutschland abgeschafft werden und in dem Wyatt die Spinnmaschine erfindet. Aufklärung und Enzyklopädismus besiegen pseudoreligiösen Aberglauben; Technik und beginnende Elektrizitätsforschung leiten das Zeitalter der Industrialisierung ein.

Man hat in Bach den gotischen Mystiker sehen wollen, dessen Orgelpolyphonie, die Entwicklung von Jahrhunderten negierend, an die Niederländer, ja an die frühen Formen der Mehrstimmigkeit anknüpft. Andere Exegeten konnten darauf hinweisen, daß seine Suiten den Geist des Rokokos spiegeln, das Bach noch heraufziehen sieht. Barocker Prunk, empfindsame Seufzermotivik, arioser Ziergesang und naive Tonmalerei – all das lebt in seinem riesenhaften Werk ungestört nebeneinander, und die assimilierende Kraft ist so groß, daß kleine instrumentale Veränderungen auch Stücke Vivaldis, die Bach bearbeitete, zu seinen eigenen gestempelt haben.

Dieser Mann, der nie über Deutschlands Grenzen gekommen ist und die meiste Zeit seines Lebens als Hof- oder Kirchenmusikant in mitteldeutschen Kleinstädten verbracht hat, ist als Künstler ein weltweiter Kosmopolit. Er nimmt Anregungen, Formen, Gedanken auf, von wo immer sie ihm zuströmen. Italienische, französische, englische Einflüsse werden in seiner Musik derart amalgamiert, daß man von einer europäischen Synthese sprechen kann. Bachs Musik ist universalistisch in einem sehr hohen Sinne; sie tritt sogar im Bereich des Religiös-Liturgischen über die Grenzen der Konfession und vollends über die Enge eines lokalen Pietismus hinaus, dem Bach als Mensch nahestand.

Und doch brauchte es ein Menschenalter, ihn wieder zu entdecken, seinen Werken die Stellung im Musikleben zu sichern, die geringere Geister ihnen streitig machten. Es ist ein

Titelseite der Kantate
»Froher Tag, verlangte Stunden«

Verdienst der Berliner Musiker im 19. Jahrhundert, namentlich Felix Mendelssohns und Karl Friedrich Zelters, mit der Aufführung der Matthäuspassion in der Singakademie 1829 eine Epoche der Bachpflege inauguriert zu haben. Und doch bleibt Bach auch damals im Grunde unverstanden. Zwar empfiehlt Schumann das »Wohltemperierte Klavier« als tägliches Brot für Klavierspieler. Aber Wagner, bei aller Verehrung, spricht doch noch von Bachs »Allongeperücke«. Und Eduard Hanslick, dieser hochgebildete Musiker und Ästhetiker, dem doch gerade Bachs formale Strenge hätte zusagen müssen, bekennt, eigentlich nicht auf vertrautem Fuß mit ihr zu stehen: sein Nachtgebet seien Klavierstücke von Schumann.

1850 erscheinen die Brandenburgischen Konzerte, und in

16

Leipzig wird die Bachgesellschaft gegründet, die im Jahr darauf den ersten Band der 50bändigen Gesamtausgabe vorlegt. Nun erst wird Bachs Werk der Öffentlichkeit und der Forschung erschlossen. Mit Philipp Spittas Biographie beginnt 1873 die wissenschaftliche Untersuchung; ihr schließen sich 1905 Albert Schweitzers »Bach, le musicien-poète« und die Bücher André Pirros an.

Keine dieser bedeutenden Biographien gibt ein wirklich objektives Bachbild. Sie stehen aller unter dem Einfluß romantischer Ideologien, und auch die Versuche einer rationalen Stilanalyse scheitern an den Begriffen, die vom 19. Jahrhundert übernommen werden.

Die Generation der um 1900 Geborenen empfing ihr Bachbild in Deutschland durch Schweitzer und durch Ferruccio Busoni. Beide Deutungen bedürfen der Revision. Schweitzer betont in seinem Buch die tondichterischen Züge des Bachschen Werks; für ihn ist sogar die reine Insturmentalmusik aus den Formeln zu erklären, die in den Vokalwerken geprägt sind. Busoni nähert sich Bach vom Standpunkt des schöpferischen Klaviervirtuosen. Bernhard Ziehn und Wilhelm Middelschulte, die »Gotiker von Chicago« – so nennt Busoni die beiden deutsch-amerikanischen Orgelspezialisten –, nehmen Einfluß auf seine Bachausgabe, die in der »Fantasia Contrappuntistica« gipfelt. Hier wird versucht, die unvollendete »Kunst der Fuge« mit den Mitteln des modernen Klavierklangs und einer bis ins Polytonale vorgetriebenen Harmonik zu überbauen.

Gegen Ende des ersten Weltkriegs veröffentlicht Ernst Kurth seine »Grundlagen des linearen Kontrapunkts«, deren psychologischer Ausgangspunkt schon am Rande der romantischen Ästhetik liegt. Ein neues Bachbild ist jetzt im Werden, nicht weniger einseitig als das romantische, dem es opponiert. Wilhelm Werkers Bachstudien versuchen 1922 (minder überzeugend, als es später dem Berliner Friedrich Smend gelang), Bachs Musik von der Zahl her zu deuten, Beziehungen zur Mathematik herzustellen. Ein glaskühler, arithmetischer Bach wird zum Aufführungsideal dieser allzu bewußt antiromantischen Generation. Man spielt ihn nun nicht mehr mit pathetischem Überschwang, sondern »ohne Ausdruck«; ein Dirigent dieser Zeit verbot seinen Streichern jedes Vibrato. Das Pendel schlägt auf die andere Seite.

An Bach orientiert sich ein Teil der neoklassizistischen Bewegung, die um 1920 von Frankreich ausgeht. Igor Strawinskys Oktett trägt die Züge Johann Sebastians wie eine barocke Maske. Alfredo Casella versucht in seinem Klaviertrio eine Synthese Bachs mit modernen Sprachmitteln. Heitor Villa-Lobos huldigt dem Thomaskantor in fünf Suiten, die er »Bachianas Brasileiras« nennt. Das B-A-C-H-Motiv geistert durch die Werke der Dodekaphonisten genau wie durch die aller Romantiker von Liszt bis Reger. Alban Berg baut seinem Violinkonzert den Choral »Es ist genug: Herr, wenn es dir gefällt« aus der Kantate »O Ewigkeit, du Donnerwort« in Bachs Harmonisierung ein.

Es gibt nur noch Bekenntnisse zu Bach. Keine Mode, kein snobistischer Überdruß hat sich mehr gegen ihn, gegen seine Musik gerichtet. Beethoven, Mozart, Händel, von Wagner nicht zu reden, waren vielfache Objekte ästhetischer Angriffslust. Nicht so Johann Sebastian. Er scheint über jeder Kritik zu stehen; an ihm wagt keiner sich zu reiben.

Brandenburgisches Konzert Nr. 2,
Beginn des 1. Satzes

Wird er also geliebt? Ist Bach populär? Er wird geliebt, aber nur von einem relativ engen Kreise. Und populär ist er so wenig, daß kürzlich eine Ostberliner Zeitung den Mahnruf tönen ließ: »Bach muß Volksbesitz werden«. Sie meinte das dadurch erreichen zu können, daß der Verfasser die F-Dur-Invention mit einem über Kiesel hüpfenden Bach verglich.

Bachs Melodien eignen sich nicht dazu, auf der Straße gepfiffen oder auf Drehorgeln gespielt zu werden. Und da die Popularität von Musik der Sangbarkeit ihrer Melodik proportional ist, so kann man Bach den unpopulärsten der großen Komponisten nennen. Es ist kein Zufall, daß er außerdem die höchste Verehrung bei allen Musikern und kultivierten Musikfreunden genießt. Große Kunst ist nicht für alle; wo Popularität und Allgemeinverständlichkeit als Maxime über künstlerisches Schaffen gesetzt werden, sinkt das Niveau unaufhaltsam in die Bereiche der flachen Unterhaltung.

Die Mißverständnisse wollen nicht aufhören. In Paris hat Jean Cocteau den Tänzer Jean Babilée zu Bachs Orgelpassacaglia in c-Moll eine dramatisch-erotische Handlung tanzen lassen, ohne die klare formale Gliederung in Variationen auch nur zu beachten. Leopold Stokowski hat die d-Moll-Toccata als Anlaß benutzt, allen Farbenrausch eines modernen Symphonie-Orchesters zu entfesseln. Monstre-Aufführungen der Passionen und der h-Moll-Messe stehen den puristischen Wiedergaben mit Kammerbesetzungen und historischen Instrumenten entgegen. Es war nahe daran, daß ein deutscher Musikschriftsteller, von politischen Mächten ermutigt, Bach als eine Art Freigeist des Barock hinstellte, der seine geistlichen Werke ausnahmslos aus weltlichen Quellen speiste.

»Der Gusto hat sich verwunderungswürdig geändert, dahero auch die ehemalige Art der Musik unsren Ohren nicht mehr klingen will«, hat Johann Sebastian einmal gesagt. Nur seine Musik selbst scheint sich dem Gesetz der Reizabnutzung zu entziehen. Noch den überfüttertsten Ohren klingt die Chromatik der 25. Goldbergvariation so kühn und frisch, als wäre sie gestern entstanden. Und alle ästhetische Spekulation über sein Schaffen kann doch gültiger nicht formulieren als der ahnende Goethe: »Es ist, als wenn die ewige Harmonie sich mit sich selbst unterhielte, wie sich's etwa in Gottes Busen kurz vor der Weltenschöpfung mochte zugetragen haben.«

Musik eines Europäers

Wolfgang Amadeus Mozart

Frankreich und Italien waren im 17. und 18. Jahrhundert rivalisierende Großmächte der Musik, und immer wieder kam es zu Auseinandersetzungen zwischen ihren Exponenten. Der Antibuffonistenstreit in Paris war das Aufbegehren französischer Rationalisten und Ästheten gegen den volkstümlichen Geist der italienischen Musikkomödie, der freilich Sieger

Zeichnung von Dora Stock (1787)

blieb. Der Kampf der Gluckisten gegen die Piccinisten hatte ähnliche Motive, wobei Gluck mit seinen französischen Reformopern durchaus als Exponent französischen Geistes galt. Aber waren nicht schon in Lullys »Ballet de la Raillerie« die französische und die italienische Tonkunst als allegorische Figuren aufgetreten? Hatte nicht Johann Josef Fux, der hochberühmte steirische Komponist und Kontrapunktiker, eine »Aria italiana« und ein »Air français« konfrontiert, wie Johann Sebastian Bach seine »Französische Ouvertüre« dem »Italienischen Konzert«?

Mozart hat solche nationell-kulturellen Gegensätze in sich selbst erlebt und ausgetragen. Es war ihm von der Natur gegeben, jeden Einfluß zu amalgamieren, jedes nationale Stilmerkmal mit seinem Wesen so stark zu durchdringen, daß etwas Neues, Eigenes, Niegehörtes dabei zustande kam. Gewiß hat er, wie Alfred Einstein formuliert, sich »als Rival in die Reihe der Opernkomponisten neuester neapolitanischer Richtung« gestellt und dabei den »Idomeneo« geschaffen. Die italienische Ouvertüre Alessandro Scarlattis hat ihn so stark gefördert – bis in die Entwicklung seiner Symphonien hinein –, wie die melodische Chromatik Francesco di Majos seine eigene Neigung zu Halbtonschritten beeinflußte. Wie rückhaltlos sich Mozart dem Ansturm äußerer Eindrücke jeweils öffnete, wie er als Idealfall des genialen Eklektikers oft von Jahr zu Jahr sich stilistisch häutete und dabei immer das unverwechselbar eigene Gesicht wahrte, das haben die gründlichsten Biographen und Analytiker seines Lebenswerks mit unendlicher Mühe und Akribie untersucht. Sie unterscheiden nicht weniger als 34 Stilperioden bei ihm, und jede davon hat ihr Modell bei einem anderen Komponisten.

Man hat freilich auch versucht, aus Mozart einen deutschen Kultur-Nationalisten zu machen, einen Künstler, der sich vor Sehnsucht nach deutschen Opernstoffen verzehrt hat. Was hat es damit auf sich? Die Briefstelle ist bekannt und oft zitiert worden, in der Wolfgang dem Mannheimer Professor Anton von Klein seinen Patriotismus beteuert. Aber es gibt auch ganz andere Briefe, wo er dem Vater versichert, er wolle eine Oper schreiben, doch keine deutsche, sondern eine italienische.

Wie sehr sich italienische, französische und deutsche Elemente seiner Tonsprache vermählen, das läßt sich fast an allen

Der junge Mozart konzertiert mit seinem Vater und seiner Schwester –
Lithographie von A. Schieferdecker nach L. C. de Carmontelle (1764)

von ihm gepflegten Musikgattungen, besonders anschaulich an seinen Serenaden nachlesen. Die frühen Serenaden zeigen im Gestus, in der Themenbildung und der unbefangenen Hingabe an den Augenblicksaffekt ganz italienischen Charakter; ein Stück wie das Divertimento-Streichquartett Köchel 138 ist schon durchaus als Symphonie im Geiste der Frühklassik anzusprechen. In den etwas späteren Serenaden, ungefähr von Köchel 251 an, ist der französische Suitengeist ebenso deutlich zu erkennen. Die Musikwissenschaft ist diesen Elementen mit viel Spürsinn nachgegangen und hat mit Recht auf die französischen Märsche, die variierten Menuette in Mozarts mittleren Divertimenti hingewiesen.

Daß Sturm und Drang, Empfindsamkeit, galanter Stil, Aufklärung, Rückkehr zur Natur, revolutionärer Bürgersinn in seiner Musik die einzigartige Synthese finden, lauter europäische Phänomene, von denen viele als unvereinbar gelten, das ist evident und bedarf keiner Beweise. Und dieselbe synthetische Schöpferkraft hebt aus dem modischen Wesen der Opera semiseria zwei Meisterwerke allerhöchsten Ranges, hinter deren italienischem Sprachgestus die spanischen Schauplätze so anschaulich werden wie die französisch gesehenen und reliefartig herausgearbeiteten Klassengegensätze: »Die Hochzeit des Figaro« und »Don Giovanni«. Sie stehen als musikdramatische Leistungen so weit an der Spitze wie im Bereich der Orchestermusik die drei Symphonien des Jahres 1788: Es-Dur, g-Moll und »Jupiter«, oder wie in der Kammermusik die sechs Joseph Haydn gewidmeten Streichquartette oder wie in der kirchlichen die Fragment gebliebene c-Moll-Messe, im Konzertanten das C-Dur-Klavierkonzert, Köchel 503.

Aber brauchen wir denn überhaupt alle diese Fakten und Daten, Stilvergleichungen und Analysen? Spricht nicht den, der Ohren hat für künstlerische Imponderabilien, der universelle, der weltbürgerliche, der menschheitliche Charakter aus jedem Takt mozartischer Komposition an? Selbst da, wo nationelle Einzelheiten, wo französische Rhythmen, italienische Kantilenen-Chromatik, deutsche Liedhaftigkeit überwiegen, bleibt doch als Wesenszug, ja als das Eigentliche dieser Musik ihre ganz unvölkische Superiorität, ihre naive Weltläufigkeit, ihre Beheimatung im Humanen als einer übergeordneten Kategorie bestehen. Sie ist wirklich so etwas wie der tönende

Weltgeist, von dem Goethe in anderem Zusammenhang spricht, ein Sich-Losmachen des Irdischen von der Erdenschwere, ein Inbegriff dessen, was uns von der Natur als klingender Ton geschenkt wird. Hugo von Hofmannsthal hat das Menschheitliche in Mozart auf sein Österreichertum zurückzuführen versucht. »Mozart war da, und hier in diesen Gemarken, wo sich das neue und alte Europa berühren, an diesem Grenzstrich zwischen römischem, deutschem und slawischem Wesen, hier war die Musik entstanden, die deutsche Musik, die europäische Musik, die wahre, ewige Musik unseres Zeitalters, die volle Erfüllung, natürlich wie die Natur, unschuldig wie sie.« Schöner als der Dichter kann man es nicht nachempfinden. Und doch ist nur ein Teil mit diesem Hofmannsthalschen Bekenntnis gesagt. Das Österreichische bei Mozart ist, rein ethnisch betrachtet, nur ein Sonderfall des Deutschen, wäre es auch, wenn sein Blut nicht zur Hälfte bajuwarisches Blut enthielte. Fremde haben Mozarts Österreichertum bisweilen als etwas empfunden, das dem Deutschen entgegengesetzt ist; so Darius Milhaud, der ihn nicht als »allemand« gelten lassen

Symphonie in g-Moll KV 550, Beginn des 1. Satzes – Das Autograph der Partitur gehörte zur Autographen- und Notensammlung von Johannes Brahms.

möchte. Auch das ist wohl nicht ganz richtig; denn die schöpferischen Deutschen waren dem menschheitlichen Europäertum in ihren besten Exemplaren oft sehr nah. Es hat seinen tiefen Grund, wenn Goethe, wenn Nietzsche sich dem Schöpfer des »Figaro«, des »Don Giovanni« und der »Zauberflöte« verbunden fühlten.

Ein krasses Ungeheuer

Ludwig van Beethoven

Die schwierigste Aufgabe einer modernen Erkenntnis der
Beethovenschen Musik liegt darin, sie von dem Gewebe bio-
graphischer Legenden zu lösen, das Mitwelt und Nachwelt bis
tief in das zwanzigste Jahrhundert hinein um den Komponisten geknüpft hatten. Anders als irgendeiner der großen Musiker vor ihm war Beethoven zu einem Monument gemacht worden, dessen erzene Gewalt die Sinne der Hörer suggestiv prädi-
sponierte, so daß etwas wahrgenommen wurde, das nicht
immer mit Wesen und Sinn der Musik selbst identisch war.
Deshalb erweist sich die Beethoven-Analyse, wenn sie von solchem Legendenwesen loskommt, als ein Akt der Entmythologisierung. Die kritischen Akzente, die dadurch freigeworden
sind, wirken mitunter als Ärgernis, obwohl gerade sie ja von
größerer Ehrfurcht und Bewunderung zeugen als die leichtfertige Adoptierung überkommener Methoden mitsamt ihren
Irrtümern und Flüchtigkeiten.

Was beim ersten Auftreten eines Kunstwerks durch konservative Beurteiler gerügt wird, ist oft das treffendste Symptom
für die Eigenart des Schöpfers. Solchen Rügen ist Beethovens
Musik in ganz ungewöhnlichem Maß mindestens seit der Wiener Uraufführung seiner II. Symphonie 1803 ausgesetzt gewesen. Der Kritiker der »Eleganten Welt« begnügt sich freilich
mit einer nicht gerade fachlich fundierten Philippika, wenn er
eifert:»Die II. Symphonie ist ein krasses Ungeheuer, ein ange-
stochener, sich unbändig windender Lindwurm, der nicht
ersterben will und selbst verblutend im Finale noch mit aufge-
recktem Schweife wütend um sich schlägt.« Was den Verfasser
an dem heiteren letzten Satz so aufgebracht hat, ist nicht leicht
einzusehen. Denn die Spannungen, die sich aus der Verschrän-
kung von Rondo und Sonaten-Hauptsatzform ergeben, mußten dem Kenner später Symphonien von Haydn und Mozart
vertraut sein. Hermann Scherchen hat in den Beethoven-Ana-
lysen seines Buches »Vom Wesen der Musik« die mehrfach
alterierten Akkorde behandelt, die bei Beethoven »Signale«
vor Wendungen und Höhepunkten sind. Er weist darauf hin,

Büste von Franz Klein (1812) – aufgestellt in der Beethoven-Gedenkstätte, Wien, Mölkerbastei

daß ein solches Signal im Finale der II. Symphonie obendrein dynamisch unterstrichen ist, im scharfen Gegensatz zwischen dem Pianissimo des G-Dur-Akkordes und dem Fortissimo des unmittelbar folgenden Alterierten Klanges As – b – f – b, der leittönig zum Quartsextakkord der Grundtonart D-Dur führt. Kühnheiten dieser Art gehören zwar zur Prozedur in manchen symphonischen Werken und Kammermusiken Haydns und Mozarts. Sie werden aber von Beethoven mit der ihm eigentümlichen Unmittelbarkeit und Härte angewandt, die ein Wesenszug seines Charakters war, doch eben auch stilbildend wirkte. Das Bild des »wütenden Lindwurms« mag aber schon durch das rumorende Thema hervorgerufen worden sein, daß diesem Rondo mit Sonatensatzzügen zugrunde liegt. Allegro molto, auftaktig den Halbtonschritt vollziehend, dann anderthalb Oktaven vom G zum Cis stürzend, mit einem Sforzato-Triller und dem dominantischen Quintfall e-a, ist es schon in seinem fast zwei Oktaven füllenden Ambitus auffallend und »beethovenisch« genug. Die Durchführung und der, verglichen mit älteren Modellen, ausgeweitete Schluß zeigen tatsächlich etwas von dem Behauptungswillen, »der nicht ersterben will« und die Ohren der eleganten Welt schockierte.

In der Vermählung ungleicher formaler Muster verkörpert sich eine Haupttendenz der deutsch-österreichischen Musik im 18. und frühen 19. Jahrhundert. Sie begleitet den sogenannten klassischen Stil und wird unversehens zum Ferment seiner Auflösung, die konsequent in die romantische Ästhetik überleitet. Wir sehen heute darin einen synthetischen Zug, eine die Epochen und Kulturen umfassende Geste, an die viel später einige Komponisten des 20. Jahrhunderts anknüpfen konnten. Das Rondo ist im Grunde eine sehr einfache, additive Form, aus populären Rundtänzen und Trouvère-Liedern des Mittelalters hervorgegangen und darin bestehend, daß zwischen die Wiederholungen eines charakteristischen Hauptgedankens immer wieder neue (oder variierte) Nebengedanken gestellt werden. Die Vorherrschaft des einen Hauptgedankens macht also das Rondo zum Darsteller des monothematischen Prinzips. Ihm steht die Sonatenhauptsatzform als musikalische Verkörperung von Zweithemigkeit, Popularität, Kontrastversöhnung, Ehe, Synthese gegenüber. Rondo und Sonate zu verklammern ist nur eine Frage der formalen Organisation, der freilich die Erfindung der Themen selbst vorarbeiten muß. Da beide Formprinzipien in der Epoche der monodisch-harmonischen Entwicklung gereift sind, dürfen sie als deren Exponenten gelten. Darin steht ihnen die Fuge als Bestandteil der polyphonen Formenwelt entgegen. Dennoch zeigt die Wiener Klassik in manchen Spätwerken Haydns und Mozarts Beispiele eine Vermählung von Fugen- und Sonatengeist, am deutlichsten im Finale von Mozarts Jupiter-Symphonie, doch auch in der Ouvertüre zur »Zauberflöte«.

Der Ursinn der Fuge aber liegt in dem mittelalterlichen Begriff »plures ex una«, »mehrere Gestalten aus einer«, der übrigens auch den Formungsverfahren in der hochentwickelten, auf Variation von Raga und Tala beruhenden Musik Indiens zugrunde liegt. Dieses plures ex una erweist sich in der Geschichte der europäischen Musik immer mehr als eine wahrhaft magische Formel. Sie selbst koppelt zwei gegensätzliche Begriffe, und je mehr sie Einfluß gewinnt auf die Formwerdung der spätklassischen Komposition, desto stärker trachtet sie, die Gegensätzlichkeit der Begriffe herauszustellen. Das bedeutet praktisch, daß die Einheit eines Keim- oder Kerngedankens mit zunehmender und demonstrativer Deutlichkeit beibehalten wird, wogegen die Zahl der aus ihm abgeleiteten Zweige und Varianten wächst. So stellt sich schließlich als formale Idee die Ausweitung einer Zelle zu einem immer komplizierter werdenden Organismus heraus. Die Analogie dieser Formentwicklung mit biologischen Gegebenheiten ist auffallend und erregend, sobald man sie einmal erkennt. Ausweitung einer Zelle – das ist das Wesen der Expansion, die wir in Beethovens Musik immer klarer als ihren innersten Geist erkennen.

Ferruccio Busoni, der ein kritischer Bewunderer Beethovens gewesen ist, versuchte von dem Legendenbild Etiketten wie die des »Symphonikers« abzureißen und statt dessen seine Musik als eine Funktion der Aufrichtigkeit, ästhetisch als »Zurücktreten des Virtuosenhaften gegenüber der Idee« zu sehen. Er grenzte ihn gegen die Spezialisten der Komposition ab, wies darauf hin, daß Bach reicher harmonisierte, Mozart dem Orchester mehr Gleichgewicht, Haydn dem Quartettsatz mehr Transparenz gegeben hat. Und er begründet es in der 1920 niedergeschriebenen Glosse »Was gab uns Beethoven?« wenigstens teilweise damit, »daß Beethovens Ungestüm ihn oft über die bequemen Möglichkeiten der Insturmente, der Singstimmen hinausgreifen ließ, wodurch das ›Riskierte‹ in den Vortrag kam, das dem Wohlklang gefährlich wird. Dafür aber zwang und verhalf er Instrumentalisten und Orchester zu größeren Leistungen: der Schwierigkeit, der Ausdauer und des Denkens.« Und Busoni schließt seine Betrachtung: »Nicht immer zeigt in der Beschränkung sich der Meister, sondern ebenso sehr in der Erweiterung, sobald er sie beherrscht.« Wobei wir uns erinnern wollen, daß Arnold Schönberg in seiner »Harmonielehre« 1911 dasselbe Goethesche Wort mit gleichen Argumenten abgelehnt hat.

Auf die monothematische Verwandtschaft aller Themen der V. Symphonie hat wohl als erster E.T.A. Hoffmann aufmerksam gemacht. Die so gewiesene Spur ist von den Musikwissenschaftlern des 19. und 20. Jahrhunderts immer wieder aufgenommen und verfolgt worden. In seiner Rede »Brahms, der Fortschrittliche« hat Schönberg auf eine Stelle des Beethovenschen f-Moll-Streichquartetts op. 95 hingewiesen, die den Keim zu zahlreichen Themenbildungen im weiteren Verlauf des Werkes bildet. Es sind die Noten des, c und d im ersten Takt, aus denen sich immer wieder unerwartet ausdrucksvolle melodische Wendungen auskristallisieren. Auf eine ähnliche Prozedur im F-Dur-Streichquartett op. 135 kommt Schönberg acht Jahre später in einem Vortrag an der University of California at Los Angeles über »Composition with Twelve Tones« zu sprechen. Diesmal ist es das Motiv aus drei Noten in der Introduktion des vierten Satzes mit den darunter gestellten Textworten »Muß es sein?« Es wird zur Keimzelle des ganzen Satzes, und zwar nicht nur in den Spiegelformen, die immer wieder auftreten, sondern auch in Varianten, die durch Ausfüllung der Intervalle, Terz und Quart entstehen. Gerade diese Variantentechnik aber kennzeichnet das, was man als expansive Züge in Beethovens Werk, namentlich in den späten Klaviersonaten und Streichquartetten, erkennen muß. Von einer »Erweiterung« hatte schon Busoni im Hinblick auf neue Schwierigkeiten und größere Leistungen der Instrumente und Singstimmen gesprochen. Erweiterung aber bedeutet Beethovens Tonsprache auch in der rein äußeren Dimension seiner Formen. Wir kennen die für seine Zeit enormen Spieldauern einiger Symphonien wie der Eroica (51 Minuten), der Siebenten (40 Minuten) und Neunten (70 Minuten). Und gerade diese drei Symphonien, an die später Franz Schuberts »Himmlische Längen« anknüpfen sollten, sind von einer erstaunlichen motivischen Einfachheit in sich, sind wahre Musterbeispiele der Expansion von Zellen zu Organismen, sind ganz aus dem Gedanken der plures ex una gezeugt.

»Ich liebe dich«, Lied mit Klavierbegleitung; auf der Rückseite ein Andantino für Klavier von Franz Schubert (Abb. auf S. 57). – Das Doppelblatt dieses Autographs hatten sich Schubert und sein Freund Anselm Hüttenbrenner geteilt. Johannes Brahms erwarb beide Blätter und vereinigte sie wieder.

II

Ist der Schritt der Entmythologisierung einmal getan, Beethoven von den Etiketten des ringenden Genius, des Individuums im Kampf gegen die Mehrheit, des revolutionären Musikdenkers einmal befreit, so darf sich auch die Analyse mit gewissen Verwandtschaften zwischen Musik und Weltanschauung beschäftigen. Beethoven war ein unabhängiger Denker, ein »moderner« Künstler von der Art, wie sie aus dem Geist der Aufklärung und der französischen Revolution vielfach entstanden ist. Er hat sich, daran kann kein Zweifel herrschen, als Angehöriger einer Schicht gefühlt, die man als revolutionäres Bürgertum bezeichnet hat und auch bezeichnen kann. Gleichzeitig aber hat er das Recht des Individuums und der unabhängigen Persönlichkeit für sich in Anspruch genommen. Vertragsbindungen, wie sie noch Haydn und bis zu einem bestimmten Zeitpunkt Mozart an Brotgeber fesselten, hat er vermieden, wenngleich er die regelmäßigen Zuwendungen reicher Aristokraten als etwas ihm Gebührendes akzeptierte. In seiner Musik mag man das Individuum, das Unteilbare als Wesenszug seiner Kernmotive wiederfinden, sei es nun der zerlegte Dreiklang als Uridee der Eroica, das Klopfmotiv der c-Moll-Symphonie, der Kernrhythmus der Siebenten oder die Quarte nebst ihrem Komplement, der Quinte, in der Neunten. Aber diese Individuen erweisen sich als verblüffend entwicklungsfähige Elemente beim Aufbau der großen Organismen, so wie eine Persönlichkeit die Struktur einer Gruppe von Menschen begründen und beeinflussen mag.

In den abwehrenden Kritiken gegen Beethovens jeweils neue Kompositionen stößt man immer wieder auf den Schock, den seine Harmonik auslöst. Anläßlich der »Fidelio«-Uraufführung schrieb August von Kotzebue 1806 in der Wiener Zeitschrift »Der Freimütige«, etwas so das Ohr Empörende sei noch nie geschrieben worden. »Die schneidendsten Modulationen folgen aufeinander in wirklich gräßlicher Harmonie und einige kleinliche Ideen vollenden den unangenehmen, betäubenden Eindruck.« Und noch seine Bewunderer in den fünfziger Jahren des 19. Jahrhunderts, Alexander Oulibischeff und Wilhelm von Lenz, beklagten das »miaulement odieux et des discordances à déchirer l'oreille la moins sensible« in dem herrlichen Übergang vom Scherzo zum Finale der c-Moll-Symphonie oder meinten zur Klaviersonate op. 111: »La démence du génie intéresse; le spectacle de toute autre, fréquente malheureusement, en musique de piano, n'est que déplorable.«

Mit unvorbereiteten Dissonanzen hatte Beethoven schon früh auch seine Freunde erschreckt. Im Chorsatz der Neunten Symphonie übergipfelte er alles Frühere mit dem frei einsetzenden Siebenklang F – d – a – cis – e – g – b, der alle sieben Töne der d-Moll-Tonleiter pandiatonisch zusammenschließt. Dissonanzen solcher Art wurden im 19. Jahrhundert, vor allem durch Liszt und Wagner, Gemeingut, an das sich auch die Ohren konservativerer Hörer so gewöhnten, daß sie sie als Störungen nicht mehr wahrnahmen. Daß sie für Beethovens Ohren, völlig unabhängig von seinen äußeren Gehörstrübungen, als normales Klangmaterial wirkten, kann nicht bezweifelt werden. Sein musikalisches Denken hatte sich bis zu dem Stadium entwickelt, an dem es solcher neuen, früher nicht gewagten Dissonanzen bedurfte, um sich auszudrücken. Dabei scheint ein Phänomen vorzuliegen, das man wohl als schöpferischen Zwang bezeichnen muß. Im Umgang mit Freunden und in Briefen hat Beethoven den »Raptus« geschildert, der von ihm Besitz ergreift, wenn die Einfälle kommen. Bettina von Arnim empfängt von ihm die Schilderung dieses Jagens nach der Idee: »Ich verfolge sie, hole sie mit Leidenschaft wieder ein, ich sehe sie dahinfliegen, in der Masse verschiedener Aufregungen verschwinden; bald erfasse ich sie mit erneuter Leidenschaft, ich kann mich nicht von ihr trennen, ich muß mit raschem Entzücken in allen Modulationen sie vervielfältigen, und im letzten Augenblick da triumphiere ich über den ersten musikalischen Gedanken.«

Beethoven glaubte in der naiven Art, mit der sein schöpferischer Geist auf die Lehren der Aufklärung reagierte, an unaufhaltsamen Fortschritt der Menschheit. In einem Brief an seinen Schüler und Freund, den Erzherzog Rudolph, heißt es 1819, also in der Epoche der späten Klaviersonaten: »Freiheit, Weitergehn ist in der Kunstwelt, wie in der ganzen großen Schöpfung Zweck, und sind wir Neueren noch nicht ganz so weit als unsere Altvorderen in Festigkeit, so hat doch die Verfeinerung unserer Sitten auch manches erweitert.« Es fällt auf, wie eng der Begriff des »Weitergehns« mit dem der Erweiterung gekoppelt ist. In einer anderen Schilderung seines Schaffensprozesses berichtet Beethoven, wie lange er seine Gedanken mit sich herumträgt und sie verändert bis er zufrieden ist. »Dann aber beginnt in meinem Kopfe die Verarbeitung in die Breite, in die Enge, Höhe und Tiefe, und da ich mir bewußt bin, was ich will, so verläßt mich die zugrunde liegende Idee niemals, sie steigt, sie wächst empor, ich sehe und höre das Bild in seiner ganzen Ausdehnung wie in einem Gusse vor meinem Geiste stehen ...« Immer wieder also diese Idee der Entwicklung, des Weitergehens, des Strebens in die Breite, Höhe und Tiefe, daneben allerdings auch die Enge.

Beethoven hat, wie Scherchen feststellt, Metrum und Rhythmus, Motiv und Melodie, Intervall und Harmonie als Grundlagen übernommen, gleichzeitig aber neu überprüft: »Er entlockt ihnen allen bis dahin unbekannt gebliebene Kräfte und ladet sie mit bis heute lebendig gebliebenen Spannungen.« Diese aber, spannende Energien, die mitunter das abstrakte tonsprachliche Bild zu überwuchern drohen, sind die Ideen, die man als humanistische bezeichnet. Beethoven, wie immer er sich den Fortschritt der Menschheit vorgestellt haben mag, glaubte an so etwas wie eine friedliche Revolution. Die Idee des Klassenkampfes und der Festigung von Macht durch stärkere Bataillone muß den Schöpfer der Neunten Symphonie ebenso abgestoßen haben wie den Dichter Friedrich von Schiller, dem er die Textworte »Seid umschlungen, Millionen, diesen Kuß der ganzen Welt« entlieh. In dem Konzept der friedlichen Ausgleichung von Gegensätzen und gewaltloser Revolution hatte für ihn die Musik einen Platz ersten Ranges. Und so sehr ist seine eigene Ausdruckssprache Sinnbild menschheitlicher Ideen geworden, daß man sich das Neue, Umwälzende an ihr nur im Sinne des Zeitgeistes erklären und vorstellen kann. Wenn Friedrich Nietzsche in den »Unzeitgemäßen Betrachtungen« meint, Beethoven habe zuerst die Musik eine neue Sprache, die bisher verbotene Sprache der Leidenschaft anschlagen lassen, so gab er doch dieser Leidenschaft gleich den höheren Sinn der »Moralität wider ein Aufkommen der Unmoralität«. Von Nietzsche stammt auch die erstaunliche Formel, Beethoven habe sich die widerspruchsvolle Aufgabe gestellt, »das Pathos mit den Mitteln des Ethos sich aussprechen zu lassen«.

Und eben da beginnt das Phänomen der Beethovenschen Musik als ein in der Geschichte neuartiges Zusammenwirken ästhetischer und außerästhetischer Kräfte aufzuleuchten. Die Verwirrung, die dadurch hervorgerufen wurde, ist bis zum heutigen Tage wirksam. Was Romain Rolland noch gleichsam unschuldig äußern durfte: »Beethoven, der größte Dichter der Revolution und des Kaiserreiches, hat am leidenschaftlichsten alle Stürme der napoleonischen Zeit, die Ängste, Verwirrungen, den Kriegsbrand, die trunkene Wollust einer freien Seele ausgedrückt« (ich zitiere die glänzende deutsche Übertragung von Wilhelm Herzog), nahm später in der sozialistischen Musikästhetik oft skurrile Formen an. Diese Art von Politisierung hat mit souveräner Ironie Igor Strawinsky zurückgewiesen, freilich ohne damals noch selbst die Besonderheit des Beethovenschen Genius erfassen und deuten zu können.

Die Frage, die sich aufdrängt, hieße etwa: »Kann Kunst dadurch eine höhere Rangstufe in der Hierarchie geistiger Ordnungen erreichen, daß sie über ihre Wesensgrenzen hinaustritt?« Sobald diese Frage pauschal bejaht wird, droht der Kunst, droht der Kultur selbst Gefahr. Denn es liegt auf der

Hand, daß die künstlerischen Formen als unbestreitbar selbständige Erzeugnisse des Geistes sich der Zweckbestimmung a priori und grundsätzlich entziehen. Kunst an und für sich kann nicht in dem Sinne »engagiert« sein, daß sie sich ausschließlich einer bestimmten Weltanschauung und Utopie verschreibt. Wo immer höchste Kunstformen teleologisch gebunden sind, also einem bestimmten religiösen oder weltanschaulichen oder philosophischen oder politischen Endziel zuführen, steht dahinter eine einzelne schöpferische Kraft. Es ist der schaffende Mensch, der sich durch eine außerkünstlerische Idee zu solchen Optimalleistungen befähigt und beflügelt fühlt. Es ist aber in keinem Falle die »Idee« selbst, aus welcher Geistesgipfel dieser Art resultieren können. Zu Lebzeiten Palestrinas gab es Dutzende von gut geschulten Musikern, die wie er von der Idee einer Erneuerung der Kirchenmusik erfüllt waren. Palestrina allein war es, der kraft seiner schöpferischen Energien imstande war, Kunstwerke gemäß den Forderungen des Tridentiner Konzils zu produzieren. Die eigentümliche Anpaßbarkeit der Tonkunst an jede Idee hat das Phänomen der Parodiemesse ermöglicht. In Johann Sebastian Bachs Kantatenwerk gibt es zahlreiche Fälle solcher Parodie, wobei die gleiche unveränderte Musik jeweils einem völlig anderen Text adaptiert wurde und umstandslos vom geistlichen Gebiet auf das weltliche wechselte oder umgekehrt. Musik ist ihrem Wesen nach charakterlos und zwar in dem souveränen Sinne wie in den höheren polytheistischen Religionen Götter charakterlos sind.

Gegen diese objektive Tatsache mußte sich ein engagierter Musiker wie Beethoven mit allen seinen geistigen und moralischen Kräften auflehnen. Dabei kann nicht bezweifelt werden, daß in seiner Weltanschauung die Musik einen Platz erster Ordnung hatte, und zwar Musik nicht als eine irdische, physikalische und praktische Angelegenheit, als etwas, das man für den Gebrauch niederschreibt und mit Instrumenten aus Materialien pflanzlicher, tierischer und mineralischer Herkunft zu tönendem Leben bringt, sondern Musik als Eingebung höherer Mächte. »Was kümmert mich seine elende Geige, wenn der Geist über mich kommt«, soll er gelegentlich zu Ignaz Schuppanzigh gesagt haben.

Doch eben diese Überzeugung, Sprachrohr einer höheren

Welt zu sein – ganz ähnlich, wie sich Arnold Schönberg später empfunden hat – ließ Beethoven nach Ausdrucksmitteln suchen, die diesem erhabenen Auftrag geistig standhielten. Das ist die eigentliche Ursache für alle Anstrengungen zur Erneuerung einer musikalischen Sprache, die für ihn mit ihren überkommenen Konventionen nicht mehr ausreichte. Dabei verschmolzen in Beethovens wesentlich naiver Sicht die Ideen der Weltverbesserung, an die er glaubte, mit denen der Kunstverbesserung, die er anstrebte. Solche Integration ethischer und ästhetischer Kräfte hatte es zumindest in der abendländischen Musik vor ihm niemals gegeben. Gewiß komponierten auch die großen Kirchenmusiker von Leonin und Guillaume de Machaut über Dufay und Josquin bis zu Palestrina, von Schütz bis Johann Sebastian Bach als Träger religiöser und damit weltanschaulicher Ideen. Aber sie alle waren Mitglieder großer Glaubensgemeinschaften, außerhalb derer es nichts gab und nichts geben durfte, was etwa höchste Autorität hätte in Anspruch nehmen können. Die Welt für sie, selbst für die Protestanten, war Gottes Welt, und Gott selbst stand außerhalb von Zweifel und Diskussion.

Beethoven fühlte sich zwar ebenfalls einer Gemeinschaft von gleichgesinnten Geistern verbunden, die aber ihrerseits eine oppositionelle Haltung einnahmen. Es sind die Anhänger von Aufklärung und bürgerlicher Revolution. Als Musiker stand er mit diesen Überzeugungen ziemlich einsam auf weiter Flur. Da war es denn die Überzeugung seines Berufenseins und seines höheren menschheitlichen Auftrages, die ihm diese Einsamkeit zum Ansporn machte. Das Individuum und die völlig autonome Persönlichkeit, als die wir Beethoven in allen seinen Äußerungen, auch den wunderlichsten und nicht immer angenehmen, bestaunen und verehren, war in ihrer Isolation dennoch ein Stück Weltgeist. Und das wußte er. Insofern nimmt Beethovens Werk innerhalb der Musikgeschichte die Stellung einer Wasserscheide ein. Die ganze geistige Landschaft, in der es sichtbar wird, scheint dadurch geordnet, und zwar nicht nur in der zukünftigen Richtung, sondern auch in allem, was davor geschehen war und scheinbar unveränderliche Werte gezeitigt hatte.

Zeichnung von Joseph Daniel Böhm (um 1820)

III

In solcher Sicht müssen die Einzelheiten betrachtet und untersucht werden, aus denen sich eben dieses Werk zusammensetzt. Nur dann kann die Endform, die oft auf magische Weise aus den kleinsten Zellen zusammenschießt, richtig erkannt werden. Zum Begriff dieser Endform hat Hans von Bülow in seinem Kommentar des op. 111 den erhellenden Satz geschrieben: »Bei Beethoven heißt Sonate: Instrumentaldichtung.« Und man könnte Bülows Formel nicht nur auf alle Symphonien, sondern auch auf Streichquartette, ja selbst auf kleinere Formen der Kammer- und Klaviermusik ausdehnen. Auch diese Beethovensche Eigentümlichkeit, alle Formen mit einem mehr oder minder konkreten Inhalt zu erfüllen, hat später zu Mißverständnissen und Irrtümern geführt; die Geschichte der Programm-Musik weiß davon ein Lied zu singen. Bei Beethoven aber ist das, was man das Anekdotische in der Tonkunst nennen könnte, ein unerschöpflicher Quell der sprachlichen Bereicherung und der Erweiterung aller überkommener tonsprachlichen Mittel.

Wir hatten die unvorbereitete Dissonanz als eines der Beethovenschen Hauptmittel erwähnt und auf den Fall eines siebentönigen Akkordes in der IX. Symphonie hingewiesen. Unvorbereitete Dissonanzen hatte es freilich lange vor Beethoven gegeben. Nur waren sie dann immer als seltenste Ausnahmen und als Signale einer völlig abseitigen musikalischen Situation eingesetzt und erkennbar. Das ändert sich bei Beethoven so vollständig, daß man sagen kann, der frühere Ausnahmefall nähere sich bei ihm dem Normalzustand. Das heißt, technisch-musikalisch gesehen, daß Dissonanzen nicht unterschiedslos als Vehikel der Spannung auftreten und dann entsprechend durch Konsonanzen zwecks Entspannung aufgelöst werden müssen. Beethoven schafft in der Welt der durch Dissonanz herbeigeführten Spannung eine neue und sehr stufenreiche Leiter von Werten. So kann bei ihm der verminderte Septimakkord gelegentlich sogar entspannende Funktionen haben und in der Nachbarschaft anderer Dissonanzen ähnlich wirken wie sonst eine konsonante Auflösung. Diese erstaunliche Tatsache erklärt sich im Rückblick relativ einfach. Sie wird dadurch bewirkt, daß Beethoven – im Gegensatz zu den Schöpfern aller ihm vorausgegangenen Musik nach 1600 – den einzelnen Akkord überhaupt nicht mehr als isolierte Erscheinung, als »diskreten Wert« einsetzt, sondern nur noch in engster Beziehung zu dem versteht, was ihm vorausgeht und folgt. So ergibt sich auch für das Hören Beethovenscher Musik der Zwang zur erinnernden Rückverbindung einerseits und zum ahnenden Vorvollzug andererseits. Ich sehe darin ein Hauptsymptom der musikalischen Erneuerung, die durch Beethoven alle künftige Entwicklung bis zu Schönberg vorbestimmt hat. Der innige Zusammenhang, der das Vorher und Nachher mit dem Jetzt vermählt, hebt auf eine spezifische Weise die Dimension der Zeit auf. Sie bleibt scheinbar stehen, indem Vergangenheit und Zukunft (immer innerhalb der musikalischen Form) mit Gegenwart eins werden. Nur an zwei Stellen der betreffenden Sätze ist dieses Prinzip der Simultanität notwendig entthront: an den Anfängen und Schlüssen. Was sich zwischen ihnen begibt, und zwar gleichermaßen harmonisch, rhythmisch und melodisch, bildet den großen Zusammenhang, aus dem man kein Steinchen lösen kann, ohne das Gebäude zu gefährden, keine Zelle entbehren kann, ohne daß der Organismus seine Lebenskraft einbüßte.

Aus dem Bewußtsein der Gleichzeitigkeit von Elementen, die von Rechts wegen getrennt ablaufen, ergibt sich auch das, was ich Beethovens Aufhebung des Kadenz-Gleichgewichtes nennen möchte. Die scheinbar unversöhnlichen Gegensätze tonikalen und dominantischen Strebens werden nämlich bei ihm mitunter aufgehoben. Das ist zum Beispiel der Fall in der berühmten »falschen« Hornstelle im ersten Satz der Eroica, wo dominantische Harmonie und tonikale Melodie zusammenprallen. Es ist noch evidenter und expressiver an einer Stelle der Pastoralsymphonie, die Schönberg in seiner Harmonielehre erwähnt und mit dem Klang der Jagdhörner zu Beginn des zweiten Tristan-Aktes von Wagner vergleicht. Sie steht im Finalsatz, wird gemeinhin als Vorhalt gedeutet, hat aber in der Tat viel mehr Spannungsgewicht als ein solcher. Über der liegenden Doppelquinte F-c-g bläst das Horn eine Figur aus den Noten g, c, und c^1. Dieser Vorgang wiederholt sich in rhythmischer Verkleinerung durch dreieinhalb Takte, und erst auf der zweiten Hälfte des vierten Taktes tritt die »Auflösung« in den F-Dur-Dreiklang ein. Schönbergs Kommentar lautet: »Und daß Beethoven die Besonderheit sehr wohl spürte, beweist sein Formgefühl, das ihn drängt, diese Besonderheit mit einer anderen Besonderheit kongruent zu beantworten, diese Besonderheit sozusagen aufzulösen: der rhythmisch merkwürdige Eintritt der Tonikaharmonie auf dem zweiten halben Takt.« Wir sehen diese Stelle retrospektiv als eine Verschmelzung von Tonika und Dominante; Schönberg blickt von da in die Zukunft und konstatiert, hier (und in der Tristan-Stelle) läge die Wurzel für die moderne Quartenharmonik. Er nennt Quartenfolgen bei Mahler, das Jochanaan-Thema in der »Salome« von Richard Strauss sowie Quartenakkorde bei Debussy und Dukas. Auch in diesem Falle erweist sich also die charakteristische Vergangenheits- und Zukunftsbezogenheit der von Beethoven eingeführten Sprachmittel. Gerade aus der engen Verbindung mit Traditionen bezog er das stolze Bewußtsein, als Neuerer zu wirken.

Man hat als eine Art Endziel der klassischen Stilentwicklungen eine Erscheinung betrachtet, die »Accompanimento obbligato« (festgelegte, der Improvisation entzogene Begleitung) genannt wird. Von Beethoven wird die Briefstelle von 1803 überliefert: »Ich bin mit einem obligaten Accompaniment auf die Welt gekommen.« Ursprünglich ist das lediglich eine Abkehr von der improvisierten Begleitungstechnik des Generalbaßzeitalters. Beethoven aber bezieht sich auf die fertigentwickelte Form, die es in Haydns und Mozarts späten Streichquartetten um 1780 annahm. Guido Adler definiert: »Alle Stimmenverhältnisse sind zugelassen. Die Betonung des zusammengesetzten Wortes der beiden verbundenen Worte, Beiwort und Hauptwort, liegt auf dem Hauptwort, allein das ›obligat‹ ist die Seele des Körpers. Alle Stimmvereinigungen sind zugelassen im Dienste dieser Stilbehandlung. Es ist auch gleichgültig, ob die Hauptmelodie in der Oberstimme liegt, oder ob sie jeweilig auf andere Stimmen übergeht, ob sie gar partikelweise verteilt ist (durchbrochener Stil).« Der Andante-Satz des B-Dur-Streichquartetts op. 130, den Adler neben dem ersten Satz der c-Moll-Symphonie als Beispiel nennt, zeigt diese Schreibart der vollkommenen Integrierung, aus der kein Teil ohne Vernichtung des Ganzen genommen werden darf. Zusammen mit dem »sprechenden Charakter« der späten Beethovenschen Kammermusik hat sie weit in die Zukunft gewirkt, bis in die Kammermusik Schönbergs und seiner Schule sowie in die Streichquartette Béla Bartóks. Die große Fuge, mit der Beethoven sein op. 130 ursprünglich beendet hatte, integriert – ähnlich wie Mozarts Jupiter-Finale – auf die kühnste Weise Elemente des Sonatenhauptsatzes in die strenge kontrapunktische Form. Wie stark diese Fuge auf die Entwicklung der modernen Polyphonie eingewirkt hat, darüber findet man wichtige Hinweise in Paul Bekkers »Neue Musik« (1919). Zusammen mit der Klavierfuge aus der Hammerklavier-Sonate und der B-Dur-Fuge aus der Missa Solemnis sieht Bekker sie »außerhalb des sonstigen Schaffens auch des späten Beethoven stehen und nicht nur des späten Beethoven, sondern des ganzen Jahrhunderts, das ihm folgte«. An diesen drei Fugen beobachtet Bekker etwas, »das allen Glättungsversuchen widerstand«: neue Melodik aus altem polyphonem Geist.

Das Verständnis für diesen Fugengeist hat tatsächlich erst die Generation der Modernisten Anfang des 20. Jahrhunderts, namentlich Busoni und Schönberg, aufgebracht. Denn in ihm lebt die lineare Kontrapunktik, von der Ernst Kurth im Zusammenhang mit Johann Sebastian Bachs Polyphonie so aufrüttelnd und überzeugend spricht. Lineares Denken aber kommt notwendig in Konflikt mit einer allzu engherzig begriffenen Tonalität und mit strenger Grundtonbezogenheit schlechthin. Streng gebaute Fugen sprengen schon bei Reger die Grenzen der Tonart. Beethovens Verhältnis zur Tonart war komplizierter als selbst Robert Schumann noch erkannte. Obwohl seine Sprache an Reichtum der chromatischen Zwischenstufen hinter die Mozarts merklich zurücktritt, ist sein Denken weniger durch tonale Barrieren eingegrenzt. Das beweist seine gelegentliche Indifferenz gegen die Polarität von Tonika und Dominante, auf die schon hingewiesen wurde, ebenso wie seine späte Neigung zu Kirchentonarten. Nicht nur schreibt er im a-Moll-Quartett op. 132 den »Dankgesang eines Genesenen an die Gottheit in der Lydischen Tonart«, sondern auch im Credo der Missa Solemnis modale Musik.

Aber nicht rückblickend allein hebt Beethoven gewisse Schranken der klassischen Tonalität auf. Im Chorsatz der IX. Symphonie steht bei der Textstelle »Ihr stürzt nieder Millionen?« eine Folge von elf verschiedenen Tönen mit nur wenigen Tonwiederholungen, auf die Scherchen aufmerksam ge-

macht hat. Es ist eine auch durch ihren oszillierenden Lauf auf-
fallende Stelle, die stärker noch als manche Zwölftongebilde
bei Mozart (Finale der g-Moll-Symphonie, Konzertarie »Bella
mia fiamma«) die Unabwendbarkeit einer panchromatischen
Sprache und einer Brechung des tonalen Ausschließlichkeits-
anspruches verkündet.

IV

Mit solchen chromatischen Überwucherungen des tonalen
Spannungsfeldes geht tatsächlich Beethoven der überlieferten
Musiksprache revolutionierend zu Leibe. Aus der Gleichberechtigung der zwölf Halbtöne im abendländischen Musik-
system seit Ende des 17. Jahrhunderts zieht Beethoven völlig
andere Konsequenzen als das etwa Johann Sebastian Bach in
den Präludien und Fugen des »Wohltemperierten Klaviers«
getan hat. Denn was bei ihm so eindringlich und merklich wird,
ist nicht das Ziel einer Gleichmacherei von Intervallen. Es ist
vielmehr der durch nichts brechbare Wille, die Ausdrucks-
energien der Tonsprache in jeder Dimension wirksam zu machen. Wenn in der Musik des 17. und 18. Jahrhunderts im
Abendland die Grundtonherrschaft als eine Art Reflex des
Autoritätsglaubens soweit gefestigt worden war, daß auch
innertonale Strebungen gegen die Tonika nur ihrer Festigung
dienten, so beginnen im 19. Jahrhundert gewisse Kräfte, sie zu
unterhöhlen. Für eben diese Kräfte wird Beethoven zum stärksten und zunächst alleinigen Exponenten. Dabei ist unwesent-
lich, ob er sich über diese Funktion seiner Musik und ihre Wirkung in die Zukunft klar gewesen ist.

Dem Gefühlskult, der sich namentlich in Deutschland und
Italien mit der Pflege der Musik so innig und verhängnisvoll zu-
sammentat, sah Beethoven äußerst skeptisch zu. Auch darin
hat die landläufige Deutung sein Bild gern verfälscht. Es gibt
zahlreiche Äußerungen, dokumentierte oder zuverlässig ver-
bürgte, mit denen Beethoven seiner Achtung und Bevorzu-
gung der Verstandeskräfte Ausdruck lieh. »Hirnbesitzer«
nannte er sich wütend, als er auf der Visitenkarte des Bruders
das Wort Gutsbesitzer las. Bei anderer Gelegenheit ließ er zornig wissen: »Unsereiner will mit dem Verstand gehört werden.« Gerade die Gefühlskräfte aber, so wendet man hier ger-

ne ein, zeigen doch in Beethovens Werk gegenüber seinen Vor-
gängern und Vorvorgängern eine so außerordentliche Steigerung, daß selbst Symphonie und Klaviersonate zu Vehikeln
dramatischen Ausdrucks werden.

Das Argument stimmt. Es verschweigt aber, daß die Verstandeskräfte in Beethovens Musik mindestens die gleiche, oft
aber eine noch mächtigere Intensivierung erfahren als die
emotionellen. In der Kraft, zyklische Formen von drei bis zu
sechs Sätzen unter eine gemeinsame Idee, ein gemeinsames
intervallisches und rhythmisches Material zu zwingen, über-
trifft Beethoven alle Meister einer tausendjährigen Musikkul-
tur. Dafür gibt es keine eindringlicheren Beispiele als die fünf-
te, siebente und neunte Symphonie. Gerade sie, diese Wun-
derbauten eines aus kleinsten organischen Zellen heraus
disponierenden Kunstverstandes, sind aber zugleich auch Dokumente einer höchst gesteigerten Gefühlsintensität.

Ein Jahrhundert wie das neunzehnte, dessen intellektuelle
Leistungen sich mitunter gern hinter Empfindsamkeitskult
und romantischen Sprunghaftigkeiten versteckten, mußte auf
eine Erscheinung wie Beethoven ähnlich reagieren wie auf
eine Art religiösen Erlösers. Zu Lebzeiten noch umstritten,
wurde Beethoven nach 1827 zum Lieblingsobjekt einer Per-
sönlichkeitsvergötterung, die alle Grenzen des Geschmacks
und der kritischen Distanz überrannte und bis in die Gegenwart nachgewirkt hat.

Anton Schindler, der deutsch-böhmische Lehrerssohn, seit
1815 Beethovens Vertrauter und sein späterer Biograph, reiste
1841 nach Paris. Seine Tagebücher, erst 1939 veröffentlicht, geben ein Bild von dem Beethoventaumel, in dem sich damals
die bürgerliche und aristokratische Welt Europas befand. Sie
erwähnen eine Szene, die auch in Schindlers biographischem
Versuch geschildert ist und die wir ihm trotz aller gebotenen
Vorsicht gegen seine bisweilen überquellende Phantasie glauben dürfen, weil Einzelheiten auch durch andere Zeugen bestätigt werden. In der Pause einer Konzertprobe des Conservatoire wurde das Schimonsche Beethovenporträt aufgestellt,
und die anwesenden Musiker sanken davor mit dem Rufe
»chapeaux bas!« in die Knie, um eine Andacht zu verrichten.
Diesen Augenblick könnte Lionello Balestrieri gemalt haben;
sein berühmtes, in tausenden von Reproduktionen weit über

Deutschlands Grenzen hinaus verbreitetes Bild, ein beliebter Heimschmuck unserer Großeltern, zeigt anschaulich den Grad von Trance, in den Beethovensche Musik eine kleine, etwas bohèmehafte Gesellschaft versetzt. Ihr Zustand scheint zwischen Haschischrausch und religiöser Verzückung zu liegen. Einer verbirgt sein Gesicht wohl aus guten Gründen; hat hier Jean Cocteau den Impuls bezogen für seine Warnung vor aller Musik »à écouter la figure dans les mains«? Auch bei Balestrieri verschmilzt übrigens das Musikalische mit dem Persön-

Stich nach dem Gemälde von Ferdinand Schimon
(1819)

lichen: in der Bildmitte leuchtet weiß die Maske, und der gebeugte Kopf des Geigers, im Halbprofil von hinten, könnte Beethovens Kopf sein.

Auch der Typus des musikalischen Mäzens wandelt sich nun, nachdem Beethoven alle vertraglichen Bindungen an kirchliche oder weltliche Brotgeber gemieden hatte. Schindler berichtet von dem reichen Saalbesitzer »Papa« Chabrin, dem Gründer der Konzerte in der Rue St. Honoré. Der Mann hatte in seinem Garten einen Saal bauen lassen und ein Orchester von 80 Musikern engagiert, durch das er jahrelang Beethovensche Werke spielen ließ. Dieses Steckenpferd kostete ihn ein Vermögen von 100 000 Francs, Beethoven, dem Abgott zuliebe. Von Franz Liszt schließlich berichtet Schindler, daß er einst den Karfreitag feierte, indem er nebst zwei Gleichgesinnten vor dem Altar der Kirche St. Eustache ein Beethoven-Trio »mit aller seiner gewohnten Wildheit« spielte.

Was war es, das die Nachwelt zu so schrankenloser Verehrung zwang? Mit Beethoven tritt zum erstenmal die Musik aus dem Bereich des Allgemeinverbindlichen in das Subjektive. Der Schritt vollzieht sich höchst paradoxerweise im Zeichen von sozialer Emanzipation und Menschheits-Verbrüderung. Es ist nicht, wie die soziologischen Deuter vorgeben, ein Akt der Kollektivierung, sondern einer der Vereinzelung. Freilich war Beethoven ein Mann des Bürgertums und ein Rebell gegen Privilegien, die er dennoch für sich als Genius und Sprachrohr höherer Mächte in Anspruch nahm. Er hat ja auch irrtümlich das »van« seines Namens gern als Adelsprädikat gedeutet. Für den Hörer aber eröffnete die übersteigerte Subjektivität des Ausdrucks zum ersten Male die Möglichkeit, seine eigenen kleinen und privaten Leiden- und Freudenschaften mit der Musik identifizieren. Der Mut des Mannes, der solches erlaubte, war hinreißend; er traf glücklich zusammen mit der Stimmung eines Jahrhunderts, das auf Emanzipation bedacht war wie keines vor ihm. »Die Welt hat ihre Unschuld verloren«, heißt es in einem Konversationsheft beim Gespräch zwischen Franz Grillparzer und Beethoven.

Das Entsetzen der Mitwelt vor manchen Schockwirkungen der Beethovenschen Musik, vor ihren Dissonanzen und »falschen« Tönen (wie dem berühmten dis im ersten Satz des D-Dur-Violinkonzerts) hat zu der törichten Vermutung geführt, das Ohrenleiden des Komponisten hätte auch sein inneres Ohr und damit sein kompositorisches Denken affiziert. Von diesem gefährlichen Motiv her nahm die spätere Deutung moderner Musik als eines Ergebnisses pathologischer Zustände ihren Ausgang. Thomas Mann hat darauf reagiert, indem er die Fähigkeit zu künstlerischem Schaffen, also das was man Genie nennt, als Abweichung von der menschlichen Norm schlechthin und demzufolge als »krankhaft« definierte.

Merkwürdigerweise hat Johann Sebastian Bachs Blindheit und schmerzliches Verlöschen zu keiner Legendenbildung geführt. Die Taubheit Beethovens aber, soweit nicht musikalische Ignoranten sie zur Ursache seiner tonsprachlichen Neuerungen erklärten, wurde zum Leid eines Jahrhunderts schlechthin. Sein ungeschickter und oft ungerechter Kampf gegen vermeintliche Schicksalstücken ist heroisiert worden, als hätte es zu seiner Zeit nicht soziale Not von hundertfacher Größe gegeben.

Beethoven auf dem Totenbett –
Zeichnung von Johann Danhauser (1827)

V

Wie immer man Beethovens Leben und Schaffen ansieht, bleiben beide voll von unlösbaren Widersprüchen. Der selbe Mann, der sich mit zunehmender künstlerischer Reife immer mehr in die Geheimnisse des strengen polyphonen Satzes vertiefte, der die Fuge weit über Bach hinaus mit modernen Klangkünsten und mittelalterlichen Spiegelreflexen ausstattete, der einfache Formgebilde wie Sonatensatz und Rondo zu ausgepichten Verschachtelungen und nie gesehenen Konstruktionen vortrieb, – er suchte und fand mitunter den Anlaß zu höchstem Geistesflug in melodischen Gebilden von entwaffnender Simplizität. Das Freudenthema der neunten Symphonie ist wahrhaft ein »Nichts« an höherer musikalischer Kunst, ein fast automatischer Reflex von Singweisen, wie sie das Volk pflegt und wie sie in Nationalhymnen gelegentlich mit semantischer Kraft aufgeladen werden können. Und doch wird diese Singweise zur Substanz einer formalen Konstruktion von unerreichter Großartigkeit. Anton Diabellis kleiner C-Dur-Walzer hat bei Beethoven eine Folge von 33 Klavier-Variationen angeregt, die zu seinen größten Schöpfungen gehören. Hans von Bülow sieht darin »gewissermaßen den Mikrokosmos des Beethovenschen Genius überhaupt, ja sogar ein Abbild der ganzen Tonwelt im Auszuge. Alle Evolutionen des musikalischen Denkens und der Klangfantasie – vom erhabensten Tiefsinn bis zum verwegensten Humor – in unvergleichbar reichster Mannigfaltigkeit, gelangen in diesem Werke zur beredtesten Erscheinung. Unerschöpflich ist das Studium derselben, unaufzehrbar die in seinem Inhalte dem musikalischen Hirne ganzer Generationen gebotene Nahrung. Ein glänzenderes Zeugnis von der Nichtabnahme, ja der höchsten Steigerung seiner Schaffenskraft im Beginne des Alters hat nie ein Autor der Welt gegeben.« In der vorletzten Diabelli-Variation, der Es-Dur-Doppelfuge, gibt Beethoven ein Beispiel dafür, daß äußerste Einfachheit der Substanz und höchste Kunst ihrer Verarbeitung sich vertragen. Die Musik der Epoche, die auf ihn folgt, ist ohne dieses wahrhaft dialektische Verhalten kaum denkbar. Wagner hat daraus so starke Anregungen empfangen wie Brahms, Schubert ebenso wie Bruckner und Mahler. Selbst Arnold Schönberg, dessen differenziertes musikalisches Denken nicht eben zur Vereinfachung der Tonsprache beigetragen hat, geht in seinen Variationenwerken von relativ einfachen Themen aus, was er übrigens auch theoretisch kommentiert und begründet.

Vielleicht wird man einmal später, mit größerer Distanz als sie uns Heutigen erlaubt ist, die Variation als den wahrhaft treibenden Impuls für die Entwicklung der moderneren Tonsprachen erkennen. Im Grunde ist ja Variation als die Abwandlung von etwas Wiederkehrendem und Wiedererkennbarem die Uridee der Musik schlechthin. Durch sie erweist sich die Tonkunst als Reflexbild aller biologischen Vorgänge im pflanzlichen wie im tierischen Bereich. Variation ist der Lebensspender der Organismen. Sieht man aber die Geschichte der musikalischen Variation im Zusammenhange, so zeigt sich, daß Beethoven sie einem Höhenflug zuführt, von dem frühere Epochen kaum etwas ahnten. Dabei denke ich nicht so sehr an die Ausbildung der sogenannten Charaktervariation und ihre kontrastierende Verbindung zu großen Formen, als vielmehr an den eigentümlichen Prozeß, der alle Elemente und Gestaltungsformen der Idee einer Abwandlung unterwirft. Einen Gedanken nicht oder nur selten ohne Verdrängung eines oder mehrerer seiner Grundelemente zu wiederholen, wird seit Beethoven zur unausgesprochenen Regel allen höheren Tonsatzes. Aus dieser Idee des ständigen Wandels, die dem Leben selbst abgelauscht ist und daher einen Zug von Realismus in sich trägt, haben die Komponisten der nachbeethovenschen Zeit fast ausnahmslos ihre schöpferischen Impulse bezogen. Das gilt nicht nur für Robert Schumann mit seiner freien Variationentechnik in den »Etudes Symphoniques« und von Franz Liszt mit seinen »Paganini-Variationen«, sondern vor allem auch von Johannes Brahms in den Variationenwerken nach Themen von Händel und Haydn. Mit dem »Don Quixote« von Richard Strauss (1897) wird Beethovens Geist der Typenverschmelzung noch weiter ausgeformt; das Werk verbindet das Schema eines Instrumentalkonzerts (mit Violoncello als Haupt- und Bratsche als Nebeninstrument) dem der symphonischen Dichtung und ist obendrein in freien Variationen geschrieben. Aber Strauss wendet das Denken in Varianten auch weiterhin auf zahlreiche seiner Kompositionen an, im Bereich der symphonischen Dichtungen ebenso wie in dem der Oper, ohne daß die betreffenden Sätze oder Episoden eigens als Variationen programmiert wären. Auch Max Regers Variationenkunst, die weit über die Variationenzyklen hinaus in die Orgel- und Kammermusik reicht, ist beethovenisch in dem Sinne eines Abwandlungszwangs, der sich zunehmend aller musikalischen Elemente bemächtigt.

Hier aber beginnt die Sprache der modernen Musik, wie sie Arnold Schönbergs Wiener Schule zu äußerster Konsequenz herausgebildet hat. Schönberg hat mit großer Vorliebe den Begriff der permanenten Variation verwendet. Dieser hängt aufs engste mit einer Anschauung zusammen, die er gern in dem

Satz formulierte: »Das schon einmal Gesagte ist nicht mehr sagenswert.« Aus dieser Abneigung gegen Wiederholungen von schon einmal Ausgesprochenem führte seine Entwicklung kurze Zeit zum athematischen Stil. Er hat ihn, jedoch nicht ohne bindende motivische Gestalten, vor allem 1909 in seinem Monodram »Erwartung« angewandt, wo tatsächlich auch die von ihm selbst entwickelte Durchführungstechnik ausgeschaltet ist. In den folgenden Auseinandersetzungen Schönbergs mit den Grundbegriffen musikalischer Form kam er zu der Erkenntnis, daß nur die Wiederkehr von Gestalten, die dem Hörer bekannt sind, verbindliche Formen möglich machten. Diese Erkenntnis widerspricht scheinbar dem Wiederholungs-Tabu. In der Variation jedoch vereinigen sich die Gegensätze: das Bekannte kann wiedererkannt werden, und zwar wiedererkannt in der verwandelten Gestalt. Und nun entsteht eine neuartige Technik der Abwandlung von den Elementen her, Abwandlung im Großen und Kleinen, Abwandlung nicht nur des Charakters, des Rhythmus, der Intervalle und Intervallfolgen, sondern auch der Klänge und der Klangfarben.

Durch diese innere strenge Organisation, die doch den Schein völliger Freiheit mit sich führt, findet Schönberg die Gegengewichte gegen eine Tendenz zur Auflösung, wie sie seit 1908 seine Musik kennzeichnet. Der Verzicht auf tonale Bezogenheit und Bindung an einen Grundton führt scheinbar zur Anarchie in der musikalischen Sprache selbst. Anfänge und Schlüsse sind nicht mehr logisch aus der Abstoßung von einem Grundton und der Wiedererreichung des selben Grundtones zu verstehen. Sie schweben frei im Raum, und es bleibt die Aufgabe des Formgefühls allein, ihnen Sinn und Zusammenhang zu geben. Das alles stammt in gerader Linie von den Störungen und Überschneidungen her, die Beethoven in das tonale Gefüge getragen hatte. Schönberg erkennt sehr bald die Gefahr der Formzersetzung, die aus solcher Befreiung notwendigerweise erwächst. So erklärt sich seine abrupte Kehrtwendung nach den wenigen Versuchen im athematischen Stil. Schon in den 21 »Pierrot-Lunaire«-Melodramen ist 1912 die tonal freie Sprache durch traditionelle Formen (Passacaglia, Spiegelfuge, Kanon etc.) gesichert, die thematische Faktur im Beethovenschen Sinne totaler Variation geordnet.

Freiheit in der Bindung ist die moralische Grundlage der Musik, die Schönberg ausübt und lehrend vermittelt. In dem ersten ihm gewidmeten Buch bezeugen seine Schüler, darunter Alban Berg, Anton v. Webern und Egon Wellesz, daß er es – wie auch später in der Berliner Meisterklasse und an den kalifornischen Universitäten – ablehnte, »moderne Musik« zu unterrichten. In der Analyse klassischer Meisterwerke von Bach bis Brahms, vorzugsweise aber Beethovens lehrte er, was ihm an den überlieferten Satzkünsten vorbildlich und zukunftsträchtig schien. »Trachten Sie davon nichts, vielmehr von Mozart, Beethoven und Brahms zu lernen! Dann wird Ihnen hierin vielleicht manches beachtenswert erscheinen«, schrieb er Dr. Karl Horwitz in die Partitur seines ersten Streichquartetts in d-Moll, op. 7. Die Beethovenschen Akzente seiner Rhythmik – er sah in Beethoven einen großen rhythmischen Erfinder – sind so unverkennbar wie dessen Formmodelle in seinen Werken der Übergangsperiode. Die 1906 komponierte erste Kammersymphonie op. 9 folgt dem Bau der »Eroica«, der zur Einsätzigkeit konzentriert wird. Die organische Ableitung vieler thematischer Gedanken von ungleichem Charakter aus einer einzigen Keimzelle ist der Formenwelt Beethovens abgewonnen. Auch in dieser Kunst ist die Idee der permanenten Variation eingeschlossen; ihre Anwendung geschieht so automatisch und instinktiv, daß Schönberg selbst erst oft nach Jahren entdeckte, was er intuitiv geschrieben hatte. So wird in den höheren Stadien der kreativen Künstlerschaft der Verstand gleichsam automatisiert und wirkt dann impulsiv, unterbewußt, »gefühlsmäßig«.

VI

»Immer einfacher!« heißt es in einem der Skizzenbücher, wo Beethoven mit sich selbst Zwiesprache hielt. Diese Maxime, der er bis an sein Lebensende in merkwürdigem Selbstwiderspruch zu seinen Vervollkommnungstendenzen treu blieb, hat sich in den hundert Jahren musikalischer Entwicklung, die auf ihn und unter seiner Aegide folgten, gewandelt. »Immer deutlicher« scheint sie bei den wichtigsten Komponisten des 20. Jahrhunderts zu heißen, und zwar unterschiedslos bei Bartók, Schönberg und Strawinsky. Der russische Meister hatte, trotz der Übungen, die Rimsky-Korssakow ihm auferlegte, bis in sein reifes Alter ein skeptisches Verhältnis zu Beethoven. Er schrieb seinen (abgesehen von einem Jugendwerk) ersten symphonischen Versuch, die »Psalmensymphonie« von 1930, in bewußter Abkehr von Beethoven, von dem er offenbar gutgläubig behauptete, »daß die monumentalen Schöpfungen, denen er seinen Ruhm verdankt, folgerichtig aus der Art entstanden sind, wie er den Klang der Instrumente ausnutzt«. Und noch in den Harvard-Vorlesungen über »Musikalische Poetik« heißt es 1939-40 über die Begabung des melodischen Gestaltungsvermögens: »Da haben wir einen der größten schöpferischen Musiker, der sein Leben hindurch diese Gabe herbeisehnte, die ihm versagt war. Und so hat dieser bewundernswerte Taube seine außergewöhnlichen Fähigkeiten im Verhältnis zu dem Widerstand entwickelt, den ihm eine Fähigkeit entgegensetzte, die ihm als einzige abging – so wie ein Blinder in der Nacht seine Sehschärfe entwickelt.« Darauf folgt der wunderliche Vergleich mit dem Melodiker Bellini, dem der Himmel gegeben habe, was Beethoven mangelte.

Strawinsky kannte Beethoven zu wenig, um zu ermessen, wie stark er selbst indirekt ein Exponent der Sprachwandlung war, die durch Beethovensche Impulse in der gesamten abendländischen Musik Platz gegriffen hatte. Seine Entwicklung zu extremer Deutlichkeit seit den ersten Werken der sogenannten neoklassizistischen Zeit (also um 1920) bis in die beiden Orchestersinfonien in C und in drei Sätzen, ja bis zu der Oper »The Rake's Progress«, ist historisch ohne das Auftreten Beethovens kaum denkbar. Noch stärker aber ist die innere Affinität, die sein musikalisches Denken mit Beethovens Rhythmik verbindet. Scherchen hat rechtens von der charakteristischen »Vergeistigung des musikalischen Metrums« gesprochen, das in den ersten Takten der I. Symphonie beginnt und mit den »Metrumaufhebungen« in deren Finale ein völlig neues musikalisches Zeitgefühl herbeiführt. Die zahllosen Funktionen der Synkope in Beethovens Periodik und damit im innersten der Formgewebe sind notorisch und gehören zum landläufigen Begriff des Beethovenstils. Aber tatsächlich gibt es von der »Eroica« an immer drastischere Beispiele von Polymetrik, die nach der Formel von Thrasybulos Georgiades ein »Lebensquell des klassischen Satzes« ist und bei Beethoven eine oft schwindelerregende Gleichzeitigkeit der Ereignisse verkörpert. Daß Strawinsky von den erstaunlichen Trouvaillen Beethovens zu eigenen Kühnheiten aufgepeitscht worden ist, ohne sich dieses Einflusses bewußt zu sein, ja ohne die betreffenden Werke aus eigenem Studium zu beherrschen, steht außer allem Zweifel. Er mußte 86 Jahre alt werden, um die späten Quartette opera 127 bis 135 als Meisterwerke von überzeitlichem und unsterblichem Wert, als »meine höchsten musikalischen Glaubensartikel« zu verehren und zu rühmen. Aber wer spürt nicht Beethovens Impetus in den Akkordschlägen zu Beginn der »Psalmensymphonie«?

Bartók hat in seiner Kammermusik, namentlich den Streichquartetten und den beiden Sonaten für Violine und Klavier, an die Formbildung der reifen Sonaten und Quartette von Beethoven angeknüpft. Auch die Art seines harmonischen und polyphonen Denkens wird mitunter durch Beethoven bestimmt, wie denn eine geflissentlich ungefällige Härte und Rücksichtslosigkeit des Satzes und selbst der Rhythmik an den späten Beethoven erinnern. Mehr noch als diese ästhetischen und technischen Züge in der Komposition wird man Beethovens Charaktervorbild bei Bartók bestätigt finden, der in einem ähnlichen Sinne revolutionär dachte. Deutlichkeit und Präzision aber, oft unter Verschmähung des leichten Weges, ist so sehr ein Kennzeichen des Bartókschen Stils, daß man auch darin eine Fortsetzung des Beethovenschen Ringens um die eindeutigste Endgestalt sehen muß.

Daß Schönberg als Komponist wie als Pädagoge von seinen Anfängen an Beethoven gefolgt ist, haben wir schon beobachtet und nachzuweisen versucht. Das totale Variationsprinzip Beethovens führt er in der Zwölftontechnik seit 1923 zur Vollendung. Denn die Bindung einer ganzen musikalischen Großform an eine Grundreihe ist das Endresultat der Beethovenschen Monothematik, Endresultat auch (zumindest innerhalb des temperierten Halbtonsystems) des aus dem Mittelalter überlieferten »plures ex una«. Die Schönbergsche Lehre vom Zusammenhang, hervorgegangen aus dem klassischen obligaten Accompagnement, erweist sich so als ein Ziel einer tausendjährigen Satz-Erfahrung, die nunmehr einheitlich gesehen und überblickt werden kann. Auf dem Wege zu diesem Ziel sind Beethovens formale Synthesen und Experimente nicht wegzudenken: er ist wahrhaft der Genius seines Jahrhunderts und alles dessen, was darauf folgt.

Und doch bleibt auch sein Werk mitsamt seinen späteren Konsequenzen ein Buch mit sieben Siegeln, wenn es nicht als Vehikel des Ausdrucks erkannt wird. Erst das Bestreben, für neue Inhalte Mittel der Expression zu finden, führt zur Entdeckung der ungeheuer vertieften und gleichzeitig in Höhen entschwebenden Tonsprache, vor der sich die Zeitgenossen der neun Symphonien bekreuzigten, um sie dann vergötternd zu bewundern. Die Inhalte in Worte und Anekdoten des Alltags fassen zu wollen, ist freilich ein naives und aussichtsloses Unternehmen, das bestenfalls Eselsbrücken bauen kann wie in Titeln der Kategorie »Mondscheinsonate« oder »Wut über den verlorenen Groschen«. Das tiefste Geheimnis der Beethovenschen Musik bleibt, daß sie gerade in ihrem schmerzlich oder trunken oder leidenschaftlich gesteigertesten Ausdruck dem rationalen Hören verschweigt, was sie ausdrückt. So sprechend diese Musik auch anmutet, entzieht sie sich doch aller semantischen Eindeutigkeit, die von den Erfahrungen der menschlichen Sprachen her begriffen sein möchte. Sie ist tatsächlich nur als musikalischer Ausdruck faßbar und darum dem wissenden Ohr unmittelbarer verständlich als der analysierenden Vernunft. Es gehört zu den Paradoxien dieses Mannes und seiner Kunst, daß sie »mit dem Verstand gehört werden« wollen und gleichzeitig ihre entscheidenden Impulse aus dem Gefühl beziehen und wiederum dem Gefühl übermitteln; »von Herzen - möge es wieder - zu Herzen gehn«, wie er zum Kyrie der Missa Solemnis angemerkt hat.

Wilhelm von Lenz hat 1852 die (auch am Schluß von Wilhelm Riezlers Biographie zitierten) Sätze geschrieben: »Beethoven ist immer alles. Er ist die Natur der Dinge unter unwandelbaren Bedingungen.« Projiziert man diese Erkenntnis in die Musikchronik des folgenden Jahrhunderts, so beantworten sich alle Fragen, lösen sich alle Rätsel um »Fidelio« und Missa Solemnis, Chorsymphonie, späte Sonaten und Quartette. Das Immer-alles-Sein verdankt sich der Kraft zu einer Synthese, in der die Gegensätze aufgehen und verschmelzen. Harmonische und kontrapunktische Formen, Tonalität, Modalität und Chromatik, Gegenrhythmen und Anti-Kadenzen werden so zu Pfeilern und Gegenpfeilern eines Tongebäudes, das gigantisch genug entworfen ist, um die folgenden Generationen unter seinem Dach zu versammeln.

Um die Entwicklung der Musik seit Liszt und Wagner zu verstehen, muß man zuerst Beethoven verstanden haben: in diesem Sinne hat sich einmal Gustav Mahler geäußert. Der Satz ist umkehrbar, und beide Formen haben Gültigkeit: durch die Erkenntnis der zeitgenössischen Musik wird uns Beethovens Größe und schöpferische Leistung erst begreiflich.

Winterreise und Herbstleid

Franz Schubert

Zeichnung von Leopold Kupelwieser (1821)

Vom Tode eines Genies berichtet amtlich am 2. Dezember 1828 folgende Wiener »Sperrs-Relation«: »Todtenfall auf der Wieden. Herr Franz Schubert, Tonkünstler und Compositeur, ledig, 32 Jahre alt, wohnend No. 694, allda in Aftermiete bei dem leiblichen Bruder Herrn Ferdinand Schubert, gestorben am 19. November 1828, ohne Testament.«

Was hätte der zeitlebens Bedürftige wohl auch zu vererben gehabt, da der Wert seines Nachlasses in derselben Sperrs-Relation auf 63 Gulden (etwas mehr als hundert DM) geschätzt wurde. Karger Nachlaß. Er bestand aus Kleidern, Schuhen, etwas Wäsche, einem Bett und »einigen alten Musikalien«, d.h. vorwiegend Notenmanuskripten Schuberts. Man erkannte ihnen etwas mehr als den Makulaturwert zu: zehn Gulden. Kein Wunder, denn ein paar Wochen vorher hatten Schotts Söhne in Mainz die Klavier-Impromptus als »zu schwer« und in Frankreich nicht einführbar zurückgeschickt und Schuberts Honorarforderung für ein anderes Werk auf die Hälfte, dreißig Gulden, zu drücken versucht. Tobias Haslinger war nicht generöser. Er bezahlte nach dem Zeugnis Franz Lachners für die späten Lieder je einen Gulden.

»Seine letzte musikalische Arbeit«, stellt Max Friedländer fest, »waren die Korrekturen der ›Winterreise‹«. Schubert selbst hatte 1827 im Kreis der Freunde das große Werk als »einen Zyklus schauerlicher Lieder« angekündigt und den Verblüfften vorgespielt. Es war der zweite dieser »Romane in Liedern«.

1823 besuchte Schubert den jüngeren Freund und Studiengenossen Benedikt Randhartinger, der ihn eine Weile allein im Zimmer ließ. Auf dem Schreibtisch lag ein Band Gedichte: »Die schöne Müllerin (im Winter zu lesen)« von Wilhelm Müller. Als Randhartinger wiederkam, war Schubert mitsamt dem Buch verschwunden. In derselben Nacht entstanden die ersten Müllerlieder.

Ob Schubert im Schaffen Ablenkung von seelischen und körperlichen Leiden suchte? Das Jahr 1823 begann für ihn mit der Gewißheit, er sei ein kranker Mann. Die Infektion, die er sich einige Wochen vorher zugezogen hatte, war für damalige Begriffe kaum heilbar. Er floh in die Arbeit. An Hauptwerken bringt das Jahr eine Oper, »Fierabras«, die Musik zu »Rosamunde« und den Müllerin-Zyklus.

Wilhelm Müller, drei Jahre älter als Schubert, starb ein Jahr vor ihm und war gewiß kein großer Dichter. Immerhin soll Heinrich Heine ihn geliebt und von ihm gelernt haben. Mitunter blitzt in den Müllerinversen etwas auf wie romantische Genialität, die traurig-verliebte Schwärmerei eines sehr jungen Menschen. Genug, um in Schubert vierundvierzigmal den Funken des Schöpferischen zu entzünden. Denn er komponierte nicht nur zwanzig von den 25 Gedichten, sondern ein paar Jahre später noch einen anderen Zyklus, der zwei Dutzend Lieder umfaßte: die »Winterreise«.

Diesmal findet Schubert die erste Hälfte der Gedichte im

Andantino für Klavier, d-Moll, Fragment der ersten Fassung des langsamen Satzes der Klaviersonate D 568 – Rückseite des Doppelautographs von Beethoven und Schubert (vgl. Abb. auf S. 31).

Urania-Taschenbuch von 1823. In der späteren Buchausgabe aller vierundzwanzig waren mehrfach die Reihenfolge und der Text geändert. Im Februar 1827 begann Schubert die Komposition.

Beethoven starb im März, und Schubert war unter den Fackelträgern, die den Sarg begleiteten. Im September geht ihm ein alter Wunsch in Erfüllung. Er reist mit dem Freunde Johann Baptist Jenger zu reichen Verehrern seiner Kunst nach Graz. Dr. Karl Pachler, Notar und Rechtsanwalt, ist mit der Pianistin Marie Leopoldine Koschak verheiratet, der Beethoven geschrieben hatte: »Sie sind die wahre Pflegerin meiner Geisteskinder.« In dem musischen Grazer Kreis verbringt man drei ungetrübte Wochen. Das Theater gibt Meyerbeers »Kreuzritter in Ägypten«. Schubert läuft nach dem ersten Akt weg. Man veranstaltet zu seinen Ehren ein Konzert »bey doppelter Wachsbeleuchtung«. Ein dreitägiger Ausflug nach Schloß Wildbach wird sehr genossen. Auf dem lustigen Theaterzettel einer ad hoc aufgeführten Komödie »Zwilchen S'mi nit so« erscheint zum erstenmal das ominöse »Schwammerl«, das Schuberts Spitzname wird.

Zurückgekehrt in die Großstadt, schreibt er den Dankbrief in seiner seltsam an die Goethes erinnernden Handschrift. Doch er leidet an Kopfschmerzen und findet Wien »leer an Herzlichkeit, Offenheit, an vernünftigen Worten und besonders an geistreichen Thaten«. So am 27. September.

Das physisch-psychische Unbehagen löst einen neuen Schaffensstrom aus. Noch im Oktober wird der »Winterreise«-Zyklus beendet. Am 14. Januar 1828 kündigt Haslinger die ersten zwölf Lieder an. Erst im nächsten September aber schreibt Schubert an Jenger, er habe dem Verleger den Rest des Zyklus geliefert.

Ausflug der Schubertianer –
Aquarell von Leopold Kupelwieser (1820)

Daß die Freunde vor diesen Liedern erschraken, ist begreiflich. Schuberts Neigung, die Nachtseiten des Seelenlebens aufzuspüren und mit rücksichtsloser psychographischer Deutlichkeit klingen zu machen, war hier auf dem Gipfel. Vom schmerzlichen Moll des »Fremd bin ich eingezogen« mit dem Akzent auf dem tristanischen Vierklang vor »nun ist die Welt so trübe« bis zu der unbarmherzigen Baßquinte des »Leiermann« ein einziges Tonbild des Leids, der Melancholie, der romantischen Sympathie mit dem Tode. Selbst der »Lindenbaum«, der ja ganz der Sphäre des Anonymen, des Volkslieds, des Kollektiv-Unbewußten angehört, ist verklärter, Musik gewordener Schmerz.

An diese Lieder scheint Franz Liszts hellsichtiges Wort anzuknüpfen: »Fast lässest du die Größe deiner Meisterschaft vergessen ob dem Zauber deines Gemütes«. Meisterschaft! Sie ist überwältigend, sobald man sich analytisch den Liedern nähert. Da gibt es Modulationen in »Auf dem Flusse«, die an Kühnheit und Natürlichkeit ihresgleichen nicht haben. Und im selben Lied eine kunstvolle Belebung des inneren Tempos durch Teilung in immer kleinere Notenwerte, ein völliges Novum. Im »Irrlicht«: welche geniale Anwendung des neapolitanischen Sextakkords; in »Einsamkeit«: wie kühn ariose und rezitativische Gedanken sich verschränken! Oder die synkopierten Betonungen, die chromatischen Rückungen, die grausamen Dissonanzen in »Letzte Hoffnung«, die großartigen letzten sechzehn Takte im »Wegweiser«, wenn bei »Einen Weiser seh ich stehen unverrückt vor meinem Blick, eine Straße muß ich gehen, die noch keiner ging zurück« Ober- und Unterstimme der Begleitung aufeinander zukommen wie Schneiden einer Zange. Man wird nicht müde und man findet kein Ende, die Kunst zu verherrlichen, mit der da Lied neben Lied kontrastierend und doch zyklisch verbunden nebeneinandergestellt ist.

Das Jahr 1828 bringt den großen Erfolg des ersten und einzigen Konzerts, das ganz Schuberts Sache diente. Am 26. März, dem Todestag Beethovens, findet es in dem überfüllten Saal beim Roten Igel statt und bringt achthundert Gulden Reinertrag. Schubert, dadurch aktiviert, beginnt einen regen Briefwechsel mit Verlegern. Im Freundeskreis finden seltener als früher die beliebten »Schubertiaden« statt. Man liest statt dessen gemeinsam Goethes »Faust«, Stücke von Kleist, Novellen von Tieck.

Noch einmal laden ihn Pachlers nach Graz ein, ohne daß es zu der Reise kommt. Schubert fühlt sich schlecht. Am 29. August trifft sich der Freundeskreis zum letzten Mal. Im September trennt sich der Kränkelnde von dem Wohnungsgenossen und besten Freunde Franz von Schober und mietet sich bei dem Bruder Ferdinand ein. Der wird sein treuer Krankenpfleger. Sein Bericht vermerkt, beim Fischessen habe den Bruder Ekel gepackt. Von dem Augenblick an habe er nichts mehr gegessen und getrunken und bloß Arzneien eingenommen. Das geschah am 31. Oktober. Am 3. November früh ging er zu

Fuß nach Hernals, um Ferdinands Requiem zu hören. Es war die letzte Musik für ihn. Am 4. November schleppte er sich zu dem großen Kompositionslehrer Simon Sechter, um Studien in der Fuge zu beginnen.

Vom 11. November an ist er bettlägerig. Sein letzter Brief an Schober beschwört den Freund, ihm Lektüre, möglichst Bücher des geliebten Amerikaners James Fenimore Cooper zu schicken.

Die Krankheit, erst für Nervenfieber gehalten, ist Typhus. Bis zum 17. ist Schubert bei Bewußtsein. Abends beginnen Fieberphantasien. »Du, was geschieht denn mit mir?«, flüstert er dem Bruder Ferdinand ins Ohr. Am nächsten Abend glaubt er in einem fremden Zimmer zu liegen. Wie man ihn beruhigt, sagt er: »Nein, ist nicht wahr, hier liegt Beethoven nicht!« Ferdinand erriet daraus den Wunsch, Beethoven nahe zu sein und auf dem Ostfriedhof begraben zu werden wie dieser.

Den 19. November, nachmittags um drei, kam der Tod zu Franz Schubert. Josef v. Spaun erzählt: »Sein freundliches, unverändertes Antlitz zeigte, daß er sanft und ohne Kampf hinübergegangen sei.«

Thränenregen

Franz Schubert

Mit schmerzlicher Dissonanz, dem in Sexten ausgebreiteten Dreiklang a-eis-cis, beginnt das zehnte Lied der »Schönen Müllerin«. Es gehört zu den rührendsten der zwanzig Musikstücke, die Wilhelm Müllers Gedichte aus dem gleichnamigen Liederspiel zum gesungenen tragischen Roman vergeistigen. Franz Schubert war 26 Jahre alt, als er es 1823 schrieb. Eine venerische Krankheit hatte ihn gezwungen, ins Wiener Allgemeine Krankenhaus zu gehen, wo er Heilung suchte und zeitweise fand. Psychologisch merkwürdig ist, daß der Entschluß zur Vertonung des Zyklus mit dem Höhepunkt des Leidens zusammenfiel. Man denkt dabei an Thomas Manns Überzeugung von der genialisierenden Kraft der Krankheiten, an Adrian Leverkühn im »Doktor Faustus«, an Robert Schumann, Hugo Wolf und Friedrich Nietzsche. Schuberts ganzes Wesen, die Mischung von Gemüt und Spott, schwerer Depres-

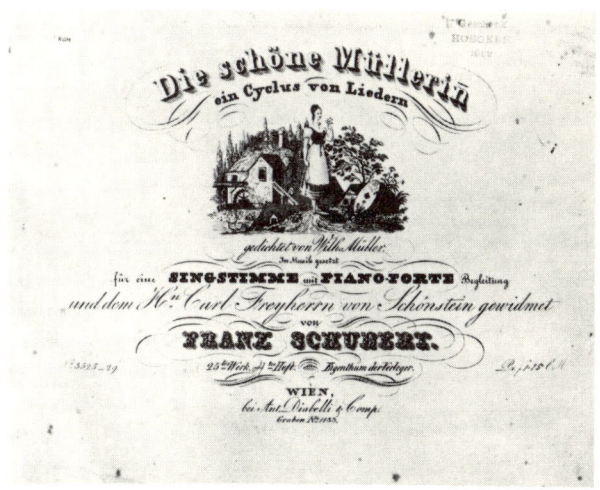

Titelblatt der Ausgabe bei Diabelli

sivität und naiver Lebensfreude, Resignation und gelegentlicher Grobheit wird in seinen Liedern ungleich deutlicher als in der Instrumentalmusik, den Symphonien, Klavierwerken und Kammermusiken.

Dem Freunde Franz Ritter von Schober schrieb er am 30. November 1823: »Ich habe seit der Oper nichts componiert, als ein paar Müllerlieder.« Die Oper war »Fierabras« von Leopold Kupelwieser, sie ist zu Schuberts Lebzeiten nicht aufgeführt worden.

Der Pianist Gerald Moore nennt »Thränenregen« eine Erzählung; sein Partner im unvergleichlichen gemeinsamen Vortrag Schubertscher Lieder, Dietrich Fischer-Dieskau, spricht von »Geschichte, Bild und Gespräch zwischen Liebenden«. Wilhelm Müllers Gedicht hat sieben Strophen, die Schubert zu drei Liedstrophen mit einem Anhang formt. Der junge Müllergeselle sitzt mit dem geliebten Mädchen am rieselnden Bach; das trauliche Zusammensein überdacht kühl ein Erlenbaum; es ist Nacht. »Der Mond war auch gekommen, die Sternlein hinterdrein.« Der Wasserspiegel zeigt dem Paar die Bilder verkehrt. Den Gesellen kümmern sie wenig. Mit erwachendem Zweifel sucht er im silbernen Reflex nur die Augen der Geliebten, die er aus dem »seligen Bach« heraufnicken und blicken sieht. Eine Vision schiebt sich in die nächtliche Szene. Der Himmel scheint dem Jüngling in den Bach versunken »und wollt mich mit hinunter in seine Tiefe ziehn«. Zum erstenmal läßt der Tod in dem Liederroman seine Macht ahnen, und mit Singen und Klingen lockt rieselnd der Bach: »Geselle, Geselle, mir nach!«

Tränen im Auge des Liebenden machen das Spiegelbild kraus. Das Mädchen ahnt nicht, was in dem Gefährten vor sich geht. Gleich wird Regen kommen. »Ade«, sagt sie gleichmütig, »ich geh' nach Haus.«

A-Dur, Sechsachteltakt, ziemlich langsam. Schubert hat die Müllerlieder in drei Formtypen vertont: Als Strophenlieder, variierte Strophenlieder und durchkomponierte Lieder. »Thränenregen« ist ein Strophenlied mit Mollvariante am Schluß. Das Klavier stellt vier Takte Dreistimmigkeit der Singstimme voran, Pianissimo, Legato, in ruhigem Erzählungston. Der Gesang nimmt die obere der drei Stimmen auf; nur episodisch tritt eine vierte hinzu. Dann wird der rieselnde Bach durch Verdoppelung der Bewegung konterfeit; im gleichen Tempo werden bei schweigendem Gesang vom Instrument Sechzehntel gespielt. Das kurze Intermezzo wiederholt sich gleichsam als Nachwort am Ende und inmitten jeder der drei Strophen. Es steht in der Dominante E-Dur, später wieder in A. Im zweiten Strophenteil treten kleine chromatische Würzungen ein, doch ohne modulatorische Folgen.

Wenn dem Burschen die Augen übergehen und das Mädchen sich aufmacht, wegzugehen, beunruhigt sich das harmonische Bild. Flüchtig wird C-Dur berührt; verminderte Septe und A-F-Cis, die Erinnerung an den ersten Akkord, zersetzen es schnell. Zu »Regen, ade« sind unterste und oberste Begleitstimmen von D nach Dis, F nach Fis geschraubt, bis plötzlich die A-Dur-Ruhe wieder erreicht scheint. Die letzten zwei Takte heben den scheinbaren Frieden auf. In resigniertem a-Moll endet das Lied, endet die »Magie«, von der Fischer-Dieskau spricht.

Man muß sich die paar Takte, die technisch so leicht, musikalisch so schwer zu spielen sind, am Klavier ansehen. Wie da eine ruhige Melodie allen drei Doppelstrophen der Müllerschen Dichtung entspricht, wie das durchgehende Pianissimo durch winzige Schwell- und Abschwellzeichen nur im zweiten Zwischenspiel des Klaviers angetastet wird. Erst im Zusammenklang mit den Worten tritt die innere Form der Melodie zutage. Nicht ohne Plan hat Schubert den »Thränenregen« in dieselbe Tonart und Taktart gestellt wie »Des Müllers Blumen«, die ihm vorausgehen und trotz A-Dur und Sechsachteltakt einen völlig anderen musikalischen Charakter zeigen.

Schuberts Lieder sind ohne Vorbilder. Es gab wohl eine Preußische Liederschule mit Goethescher Lyrik als Anregung für Friedrich Zelter und Johann Friedrich Reichardt. Schubert hat sie wohl kaum gekannt. Starken, ja überwältigenden Einfluß hatte auf ihn der im Odenwald geborene Johann Zumsteeg mit seinen Vertonungen Schillerscher Gedichte und Balladen. Und doch: welcher Unterschied in der formalen Phantasie und im melodischen Ausdruck. Die Wiener Klassik war im Lied nicht überragend. Selbst Mozarts Genius, trotz »Veilchen« und »Abendempfindung«, reicht an die Unendlichkeit der Schubertschen Ausdrucksmöglichkeiten nicht heran, von Joseph Haydn nicht zu reden. Einzig Beethoven kann als ein von Schubert selbst ehrfürchtig bewunderter Vorgänger gelten. Doch an Produktivität im Lied hat ihn der Jüngere in viel kürzerer Schaffenszeit übertroffen.

Von den 31 Lebensjahren Schuberts verlief keines in Behagen und Geborgenheit. Dennoch konnte die Rastlosigkeit der Produktion durch Sorge nicht gemindert werden. Liest man Otto Erich Deutschs Buch »Schubert: Die Dokumente seines Lebens«, so begreift man, daß die Nachwelt seine Person romantisch zu verklären suchte. Mit schlechtem Gewissen blicken wir heute, im Zeitalter des Massenwohlstandes, auf die Lebensgeschichten großer Männer. O.E. Deutsch, ein Außenseiter der Musikwissenschaft, hat die Verklärungsversuche mit Tatsachen konfrontiert. Durch seine Sammlungen, die Tausende von Dokumenten umfassen, ist die populäre Vorstellung vom weinseligen, immer verliebten »Schwammerl« und Hahn im Korbe des Dreimäderlhauses endgültig widerlegt. Von der Eintragung ins Geburtenregister der Pfarre »Zu den vierzehn Nothelfern« in Wien-Liechtental 1797 bis zur Anzeige des Währinger Grabsteins in dem »Allgemeinen Musikalischen Anzeiger« 1828 kennen wir nun Quittungen, Kataloge, Tagebücher, Dichtungen und Briefe in Schuberts Handschrift. Sein erster erhaltener Brief ist aus dem Konvikt im November 1812 an einen der Brüder gerichtet: Er möge ihm doch ein paar Kreuzer für Semmeln und Äpfel zur Aufbesserung seiner Kost schicken. Der letzte, vom November 1828, etwa eine Woche vor dem Tod, ging vom Krankenlager an den Freund Schober, den er um »Lecktüre« bittet, möglichst von J.F. Cooper, dem Verfasser von »Der letzte Mohikaner«.

War Schubert unzufrieden mit seinem Los? Gewiß nicht bis zur Verbitterung. Zwar wünschte er sich mehr, als Schicksal und sozialer Zustand ihm gewährten. Er hat sogar von einer Versorgung des Künstlers durch den Staat geträumt, denn die unglaubliche Anzahl seiner Kompositionen stand in krassem Mißverhältnis zu ihrem Ertrag. In Deutschs Buch findet man die Aufstellung des dokumentierten Schubertschen Einkommens von 1816 bis 1828. Die Jahre, in denen etwa 800 Lieder, zehn Symphonien, sieben Opern und Singspiele, fünfzehn Streichquartette, sieben Messen, zweiundzwanzig Klaviersonaten und anderes mehr entstanden, brachten ihm 8911 Gulden. Darin sind Honorare für Klavierspiel und Begleitung, Musikstunden, Korrepetition und Geschenke einbegriffen. Den Kaufwert dieses Einkommens aus dreizehn Jahren kann man ermessen, wenn man weiß, daß die tägliche Verpflegung mit Speise und Trank einen Gulden kostete. Die Stelle des Musikdirektors in Laibach (dem heutigen Ljubljana), um die er sich erfolglos bewarb, war mit jährlich 500 Gulden dotiert.

Was ihn tröstete und helfend förderte, war Freundschaft. Der Kreis um ihn war ein echter romantischer Männerbund, vermutlich fast frei von homoerotischen Neigungen. Hervorragende Künstler und Intellektuelle waren darunter, wie Moritz von Schwind und der Bariton Johann Michael Vogl, der viele seiner Lieder bei den »Schubertiaden« zuerst sang. Gespräche und Interessen gingen um Schöngeistiges, das auch bei Schubert den ersten Platz einnahm.

Miniatur von Robert Theer (1829)

65

Er starb 1828 am »Nervenfieber«, das moderne Ärzte als Typhus diagnostizieren. Mit den Kopfschmerzanfällen der späten Jahre hatte diese Krankheit wohl wo wenig zu tun wie das ominöse Leiden von 1823. Ob der produktive Aufschwung dieses Jahres durch Lues verursacht ist, scheint unwichtig angesichts der ungeheuren, schon 1815 in Goethes »Erlkönig« offenbarten Begabung. Den Genius schenkt die Muse; die Spirochaete kann ihn nur aufreizen.

Schuberts Lieder waren früh in Österreich berühmt. Große Teile seines übrigen Schaffens lagen jahrzehntelang vergessen in Wiener Häusern. Robert Schumann hat vieles, darunter die große C-Dur-Symphonie mit der »himmlischen Länge«, bei Ferdinand Schubert gefunden, der den Bruder überlebte. Die großen Klavierwerke wurden für die breite Öffentlichkeit erst im 20. Jahrhundert entdeckt.

Schubert hat wenig über Musik gesagt. Sie selbst war das Element, in dem er lebte. Was er zu Wilhelm Müllers »Thränenregen« beitrug, war mehr, als Worte sagen können. Es ist das ahnende Fazit eines armen Lebens.

Ein Gewissen der Musik

Felix Mendelssohn-Bartholdy

In drei Generationen der Familie Mendelssohn spiegeln sich glückhaft und anschaulich die Schicksale des deutschen Judentums vom Zeitalter der Aufklärung bis zu seiner Emanzipation. Mit den Waffen des Geistes und der vielfachen künstlerischen Begabung erkämpfen sie sich Schritt um Schritt den Weg zu Ansehen, Wohlstand und bürgerlicher Gleichberechtigung. Aus dem Dunkel des Gettos in Dessau findet Moses, der Sohn des armen Lehrers Mendel, 1743 in die Residenz Berlin, wo

Aquarell von J. W. Childe (1829)

67

den schwächlichen Vierzehnjährigen der Oberrabbiner Fränkel als Schüler aufnimmt. Aus eigener Kraft, doppelt bedroht durch das Landesgesetz wie durch das religiöse Vorurteil des mosaischen Stammes, wächst Moses Mendelssohn zum Geistesfürsten heran, dem der Freund Gotthold Ephraim Lessing huldigt, indem er ihn als Modell für seinen »Nathan den Weisen« porträtiert. Doch erst 1763 genehmigt König Friedrich der Große den ständigen Aufenthalt in Berlin. Aus der Ehe mit der Hamburgerin Fromet Guggenheim geht als zweiter Sohn Abraham Mendelssohn hervor, dessen glänzender kaufmännischer Begabung es gelingt, die Familie zu großem Wohlstand zu bringen. Dorothea, die jüngste seiner drei Schwestern, wird in zweiter Ehe die Frau Friedrich Schlegels.

Bei Abraham Mendelssohn gesellt sich zu der Sittenstrenge und den intellektuellen Gaben des Vaters der Sinn für Fortschritt und neue wirtschaftliche Ideen. In Berlin 1776 geboren, wird er bei der Pariser Firma Fould Kassierer, verläßt Frankreich, um die vielseitig gebildete Lea Salomon zu heiraten, und gründet 1805 mit seinem Bruder Joseph das Bankhaus Mendelssohn. Durch einen Bruder Leas, der zum Christentum übertritt, kommt der gewählte Name Bartholdy in die Familie; auch Abraham Mendelssohn fügt ihn dem eigenen hinzu. In Hamburg, wo das junge Paar ein Landhaus, »Martens Mühle«, bezieht, werden ihm die ersten drei Kinder geboren: 1805 Fanny, 1809 Felix, 1811 Rebekka. Paul, der jüngste Sohn, kommt 1813 in Berlin zur Welt, wohin die Familie zwei Jahre vorher bei der französischen Besetzung Hamburgs geflohen war.

Mit dem wirtschaftlichen und gesellschaftlichen Aufstieg verband sich bei den deutsch-jüdischen Familien des frühen 19. Jahrhunderts die Neigung zur Assimilation. Abraham Mendelssohns Schwestern Dorothea und Henriette waren ebenso zum christlichen Glauben übergetreten wie der Schwager Jakob Salomon Bartholdy, der spätere preußische Generalkonsul in Rom. So entschloß sich der kluge, weltmännisch-aufgeklärte Mann, seine Kinder 1816 durch den evangelisch-reformierten Pfarrer Stegemann taufen zu lassen; er selbst trat vier Jahre später zum Christentum über. Wie gründlich er, der Sohn Moses Mendelssohns, über religiöse Fragen nachgedacht hat, das bezeugt der Brief, den er der Tochter Fanny 1820 zur Einsegnung schrieb: »Wir haben Euch, Dich und Deine

Geschwister, im Christentum erzogen, weil es die Glaubens-
form der meisten gesitteten Menschen ist und nichts enthält,
was Euch vom Guten ableitet, vielmehr manches, was Euch
zur Liebe, zum Gehorsam, zur Duldung und zur Resignation
hinweist, sei es auch nur das Beispiel des Urhebers, von so
Wenigen erkannt und noch Wenigeren befolgt.«

Die christlichen Erziehungsmaximen wurden ergänzt durch
eine wahrhaft wissenschaftliche Ausbildung, zu der die Eltern
selbst das Fundament legten. 1819 wurde als Hauslehrer der
Altphilologe und spätere Universitätsprofessor Dr. Wilhelm
Ludwig Heyse (der Vater des Dichters Paul Heyse) verpflichtet. Ähnlich wie die des Frankfurter Rates Goethe empfingen
die Kinder des Berliner Bankiers Mendelssohn eine Erziehung
von harmonischer Universalität, in der auch sportliche Übungen, Turnen, Schwimmen, Reiten und Fechten ihren festen
Platz hatten.

Die Begabung aber, die am frühesten nach Förderung verlangte, namentlich bei Fanny und Felix, war die musikalische.
Die Mutter, selbst eine tüchtige Pianistin, erkannte an der ältesten Tochter die »Bachschen Fugenfinger«, an dem sechsjähri-
gen Sohn die erstaunlichen Anlagen zum Klavierspieler, die
ihm schon als Knaben von neun Jahren öffentliche Erfolge be-
reiteten. Lea Mendelssohn ließ die Kinder frühzeitig mit
Johann Sebastian Bachs »Wohltemperiertem Klavier« vertraut machen. In Paris, wohin Abraham Mendelssohn 1816 die
beiden älteren mitnahm, übernahm Maria Bigot, geb. Kiene,
die von Joseph Haydn und Ludwig van Beethoven geschätzte
Pianistin, ihren Unterricht.

Felix' erster Berliner Musiklehrer war Ludwig Berger, damals ein vielbewunderter Liederkomponist, der bei Muzio
Clementi und dem irischen Romantiker John Field studiert
hatte und seit 1815 in Berlin lebte. Während er vor allem die
pianistische Fortbildung übernahm, unterrichtete den Knaben in Kontrapunkt und Komposition der alte gestrenge Leiter
der Singakademie, Karl Friedrich Zelter. Daneben lernte Felix
Geige spielen, dirigieren und singen. Den letzten Schliff als
Klavierspieler gab ihm seit 1824 Ignaz Moscheles.

Ein schönes Verhältnis liebender Rivalität, das Felix mit der
älteren Schwester verband, förderte die genialen Gaben beider
Kinder. Längst war das Mendelssohnsche Haus in der Prome-

nade sieben zu einem Mittelpunkt der Berliner Gesellschaft geworden. Im Umgang mit Geistern von höchster Kultur entwickelten sich die vielfachen künstlerischen Übungen Fannys und Felixens zu schneller Reife. 1825 erwarb Abraham ein großes Haus mit parkähnlichem Garten in der Leipziger Straße (wo später das preußische Herrenhaus errichtet wurde). Hier fanden sich als Gäste der bald berühmt gewordenen Sonntagsmusiken alle bedeutenden Künstler und Gelehrten ein, die in Berlin lebten oder die Stadt besuchten: die Humboldts, Hegel und Jacob Grimm, Clemens und Bettina Brentano, Heinrich Heine und Friedrich de la Motte Fouqué, Friedrich Schinkel, Moritz von Schwind und Jean Ingres, Carl Maria von Weber, Charles Gounod und Ludwig Spohr, Franz Liszt, Niccolo Paganini und Clara Schumann sowie die Zelebritäten der Bühne.

Zelter hatte den schönen, rasch auffassenden, gleichsam spielend sich entwickelnden Knaben bald liebgewonnen. Im November 1821 nahm er ihn mit nach Weimar, Goethe zu besuchen; denn, so schreibt er an den Freund:»Meinem besten Schüler will ich gern Dein Angesicht zeige, ehe ich von dieser Welt gehe.« Die Begegnung des zwölfjährigen Musikers mit dem zweiundsiebzigjährigen Dichter vollzog sich im Zeichen arkadischen Glücks. Am 10. November berichtete Felix den Eltern:»Alle Nachmittage macht Goethe das Streichersche Instrument mit den Worten auf:›Ich habe Dich heute noch gar nicht gehört; mache mir ein wenig Lärm vor‹, und dann pflegt er sich neben mich zu setzen, und wenn ich fertig bin (ich phantasiere gewöhnlich), so bitte ich mir einen Kuß aus oder nehme mir einen … Von seiner Güte und Freundlichkeit macht Ihr Euch gar keinen Begriff … Daß seine Figur imposant ist, kann ich nicht finden; er ist nicht viel größer als Vater … Sein Haar ist noch nicht weiß, sein Gang ist fest, seine Rede sanft.« Goethe trotzte dem drängenden Zelter eine Verlängerung des Besuchs ab; nach sechzehn Tagen trennen sich zwei ungleiche Freunde. Dreimal wiederholte Felix den Besuch: 1822 mit den Eltern nach einer Schweizerreise, 1825 mit dem Vater auf dem Rückweg von Paris, wo Cherubini ihm sein Talent bestätigt, und 1830. Bach, Mozart und Beethoven sind die Götter, in deren Zeichen sich die beiden fanden.»Ich bin Saul und Du bist mein David«, sagte der Alte.»Wenn ich traurig und trübe bin, so komm Du zu mir und erheitere mich durch Dein Saitenspiel.«

Um die Zeit des ersten Weimarer Besuchs hatte Felix sich schon an vielen Gattungen und Formen der Musik produktiv versucht. Fanny erwähnt 1822 in einer biographischen Skizze den sechsundsechzigsten Psalm, ein Klavierkonzert, Lieder, Klavierfugen, zwei Symphonien, geistliche Chorwerke, einen Akt der Oper »Die beiden Neffen« und das Klavierkonzert in c-Moll, das wir als opus eins kennen. Felix hatte das Glück, seine

Mendelssohn im Alter von 13 Jahren –
Zeichnung von W. Hensel (1822)

Arbeiten in guten Aufführungen zu hören, und in den anschließenden Gesprächen entwickelte sich sein Geschmack ebenso rasch wie sein kritischer Kunstverstand. Einflüsse Beethovens, Webers und Spohrs sind in den Frühwerken evident, weichen aber bald einem persönlichen Ton. Am 3. Februar 1824, Felix' fünfzehntem Geburtstag, wurde die Oper »Die beiden Neffen« in Gegenwart Zelters durchgespielt, der danach den Schüler »zum Gesellen im Namen Mozarts, im Namen Haydns und im Namen des alten Bach« ernannte.

Felix stand jetzt im Pubertätsalter; die Bleistiftzeichnung Wilhelm Hensels zeigt das zart modellierte Gesicht noch im Rahmen lang fallender, gescheitelter Haare, die Augen blicken ernst und aufmerksam in die Welt, die ihre Wunder vor dem Jüngling öffnet. Mit der Übersiedlung in die Leipziger Straße wurde der gesellige Kreis um die Mendelssohn-Bartholdys noch größer und glänzender. Die Reisen in die Schweiz und nach Paris haben den Horizont der Kinder erweitert. Kinder? Fanny war fünf Jahre älter als der Bruder; die Neigung, die sie siebzehnjährig zu dem Maler Wilhelm Hensel faßte, überdauerte dessen langen Aufenthalt in Rom. Die beiden heirateten 1829.

Felix war schon berühmt als Klavierspieler, anerkannt als Komponist, als er 1826 die Ouvertüre zum »Sommernachtstraum« schrieb. Das Werk ist ganz aus der Atmosphäre des kunstfrohen Elternhauses zu verstehen, wo Jean Paul und Shakespeare göttergleiche Verehrung genießen. Inbegriff deutscher Romantik, von kichernden Geisterstimmen und klanggewordenem Sommderduft erfüllt, vollkommen in der Symmetrie seiner Form wie in der Einheit der Gedanken, zeigt es Felix als fertigen Meister. Der Fall ist einzigartig, daß ein Künstler mit siebzehn Jahren die Höhenlage schöpferischer Kraft erreicht, auf der sich künftig nur noch eine Auswahl seiner Arbeiten hält. War bei Mozart und Beethoven die Frühreife nur Vorahnung späterer Meisterschaft, so ist Mendelssohn mit diesem Jugendwerk schon Erfüllung seiner selbst. Der Typus rascher, tänzerischer Staccato-Melodik, den er hier zeigt, ist ein Kennzeichen der Musik-Romantik geworden.

Bei aller Neuheit der Sprache folgte Mendelssohn den Vorbildern der Tradition. Seine Ouvertüren, die er ausdrücklich für den Konzertsaal schrieb, haben Sonatenform, und er beherrschte sie, wie alle überlieferten Formschemata, mit einer Leichthändigkeit ohnegleichen. So wirken seine Sonatensätze mit ihrer Transparenz und Ausgeschliffenheit mitunter wie Schulmodelle, die Durchführungen als Beispiele rationaler Gestaltung.

Mit der »Sommernachtstraum«-Ouvertüre endete symbolisch Felix' Schulzeit. Er bezog 1827 die Berliner Universität, bildete sich selbst auf Reisen und im Umgang mit Freunden, die stets älter waren als er. Die wichtigsten sind Eduard Devrient, der Maler Karl Klingemann, der Komponist und Musiktheoretiker Adolf Bernhard Marx. Mit Devrient, der um diese Zeit Bariton der Berliner Königlichen Oper war, rang er Zelter die Erlaubnis zur Aufführung von Bachs »Matthäuspassion« ab, die, nach Bachs Tod vergessen, im Archiv der Singakademie verstaubte. Der große Plan wurde Wirklichkeit am 11. März 1829; Devrient, der den Jesus sang, schreibt über Mendelssohn: »Er hat in seinem ganzen Leben kein Meisterstück der Direction geliefert als dieses erste und vielleicht schwierigste.« Der Dirigent Mendelssohn, der späte eine Epoche des Leipziger Musiklebens herbeiführte, hat zwanzigjährig das Genie Johann Sebastian Bachs für die Welt entdeckt; an die Aufführung der »Matthäuspassion« schließt sich unmittelbar die Bach-Renaissance, die vom 19. Jahrhundert bis in die Gegenwart hinüberreicht.

Bald nach den Aufführungen der »Matthäuspassion« beginnen Felix Mendelssohns Wanderjahre. Er ist nun zwanzig Jahre alt, und der Vater unterstützt seine Neigung, fremde Städte und Länder kennenzulernen. Erstes Reiseziel wird London, wo seit 1828 der Freund Klingemann an der Gesandtschaft tätig ist, Ignaz Moscheles für den Ruhm des jungen Berliner Genies wirbt. In stürmischer Überfahrt von Hamburg schleppt sich Felix »von Ohnmacht zu Ohnmacht«, bei der Ankunft erschreckend vor dem »fürchterlich massenhaften Anblick« der Stadt, die ihm nach Tagen noch als das »grandioseste und komplizierteste Ungeheuer« erscheint, das die Welt trägt. Doch gleichzeitig läßt er sich willig in den Strudel der Gesellschaft ziehen, besucht er Theater, hört entzückt in der Italienischen Oper die Malibran als Desdemona, fährt mit Frau Moscheles in den Hydepark. Sein Spiel, das er grandseigneural ohne Entgelt verschenkt, öffnet ihm rasch die Türen der exklusivsten Gesellschaft. Am 15. Mai berichtet er nach Hause von einem Ball beim Herzog von Devonshire: »Die Pracht aus den morgenländischen Märchen kommt zur Erscheinung, was Reichtum, Luxus, Geschmack an Schönheiten für ein Fest erfinden können, ist da gehäuft ... die Nebenzimmer waren geöffnet, deren Wände mit Tizians, Correggios, Leonardos und Niederländern behängt sind.«

Die Öffentlichkeit verwöhnte ihn nicht weniger als die vornehme Gesellschaft. Sein Dirigentendebüt am 30. Mai in Argyll Rooms war ein ungewöhnlicher Erfolg. Er dirigierte eine Symphonie von Mozart und die eigene in c-Moll, deren Scherzo wiederholt werden mußte; dazu spielte er noch das Konzertstück f-Moll von Carl Maria von Weber. Ein zweiter Abend im selben Saal brachte neben dem Es-Dur-Klavierkonzert von Beethoven die »Sommernachtstraum«-Ouvertüre. Ein Wohltätigkeitskonzert für die Opfer der Überschwemmung in Schlesien, zu dem er Henriette Sontag, Moscheles und die Elite der Londoner Opernsänger gewann, wird von ihm selbst »unstreitig das beste im ganzen Jahre« genannt.

Ende Juli verläßt Mendelssohn London; Klingemann begleitet ihn auf eine Reise nach Schottland, von der er begeisterte Briefe schreibt. Edinburgh, die Hochlande, die Hebriden fesseln ihn so sehr wie die schönen Schottländerinnen. Ein kurzer Besuch in Abbotsford bringt die Begegnung mit dem hochverehrten Walter Scott. Die Landschaft inspiriert ihn wie keine seit der frühen Schweizerreise. Es ist voll von Ideen; die »Schottische Symphonie«, erst 1842 beendet, geht ebenso auf diesen Reisesommer 1829 zurück wie die »Hebriden«-Ouvertüre, »Meeresstille und glückliche Fahrt« und die Reformations-Symphonie.

Im Herbst heirateten Fanny und Wilhelm Hensel; Felix traf bald nachher zu längerem Aufenthalt in Berlin ein. Im Frühjahr 1830 fuhr er, nach kurzem Besuch bei Goethe in Weimar, über München und Wien nach Italien, Venedig, Florenz, Rom und Neapel fesselten und bezauberten ihn, ohne aber seine Phantasie so anzuregen wie die nördlicheren Landschaften. Je mehr Mendelssohn reiste, desto lieber kehrte er immer wieder nach Deutschland zurück. Auch Paris, wo er 1832 mehrere Monate verbringt, macht ihn nicht so glücklich, wie es seine künstlerischen und gesellschaftlichen Erfolge vermuten ließen. Liszt und Chopin stehen ihm nah, doch von Heine und Börne trennt ihn Politisches, und Politik ist es, die ihm auch den Kunstbetrieb in der Seinestadt verleidet. Dem Vater bekennt er, das Land für ihn sei Deutschland. Da erreicht ihn die Nachricht vom Tode Goethes, und bald danach, in London, meldet man Zelters Ableben. Er sehnt sich heim und kehrt nach Berlin zurück. Die Wanderjahre sind zu Ende. Der Zauber des

Blick auf Florenz – aquarellierte Tuschzeichnung von
Felix Mendelssohn-Bartholdy (1830)

Elternhauses, in dem nun auch Hensels leben, nimmt ihn gefangen; alte und neue Arbeiten warten auf ihn. Aber es gibt
auch Enttäuschungen: seine Bewerbung um die Nachfolge
Zelters als Leiter der Singakademie wird abschlägig beschie-
den.

Im Mai 1833 leitet Mendelssohn das Rheinische Musikfest.
Mit Händels »Israel in Ägypten« und Beethovens »Pastorale«
und der eigenen Trompetenouvertüre werden die Düsseldorfer Pfingsttage zum Triumph für den jungen Kapellmeister.
Den Vertrag als städtischer Musikdirektor, den ihm die dank-
bare Stadt Düsseldorf bietet, nimmt er ohne Zögern an. Neben
den winterlichen Symphoniekonzerten hat er die Aufführungen in den katholischen Kirchen und den städtischen Gesang-
und Instrumentalverein zu leiten. Düsseldorf war damals ein
Kunstzentrum, wo Maler lebten wie Eduard Bendemann, Wilhelm Schadow und Schirmer, unter deren Anleitung Mendelssohn sein bedeutendes Zeichen- und Maltalent weiter ausbil-
dete. Auch das Theater fesselte ihn; Karl Immermann ließ ihn
als eine Art musikalischen Direktors mitarbeiten, und mit den
»Mustervorstellungen« von Mozarts »Don Giovanni«, Cheru-
binis »Wasserträger«, Goethe-Beethovens »Egmont«, Webers
»Oberon« setzten beide ein Ideal hoher künstlerischer Qualität

75

durch. Bald kam es aber zu Reibungen zwischen ihnen, so daß Mendelssohn schon im November die erst Anfang 1834 begonnene Theaterlaufbahn quittierte.

Von solcher Last befreit, kann er wieder an schöpferische Aufgaben gehen. Sein Leben in Düsseldorf ist das eines verwöhnten jungen Herrn. In Schadows Haus bewohnt er das Erdgeschoß; im blauen Frack reitet er auf eigenem Pferd; die führenden Gesellschaftskreise hofieren ihn. Schon ist um den jugendlichen Musikdirektor die Aura europäischen Ruhms. Bei alledem findet er Muße zu großen Werken. Die Jahre seit 1830 gehören zu seinen fruchtbarsten; sie bringen neben dreien der berühmtesten Ouvertüren, der Italienischen und der Reformations-Symphonie, die »Erste Walpurgisnacht« auf Goethes Text und das erste und zweite Heft der »Lieder ohne Worte«. Auch das »Paulus«-Oratorium ist in Düsseldorf begonnen worden.

Mit den »Liedern ohne Worte« hat Mendelssohn den romantischen Traum knappen Stimmungsausdruckes in einfachen Formen verwirklicht. Die Stücke, und nicht nur die berühmtesten von ihnen, wie die »Venezianischen Gondellieder« und das »Frühlingslied«, scheinen wirklich Gesangsstücke, die der Worte nicht bedürfen. Eine neue, sehr innige und bürgerliche Welt der klanggewordenen Empfindung öffnet sich, in der Schumann, Edvard Grieg, Tschaikowsky und Johannes Brahms, freilich auch die Schöpfer des Salonstücks heimisch wurden.

Mendelssohns Erfolg als Dirigent hielt nun seinem Komponistenruhm die Waage. Wohin er kam, strömten ihm Bewunderung und Verehrung zu, und es schien für diese Gunst des Schicksals keine Hindernisse mehr zu geben. Dennoch war die Düsseldorfer Tätigkeit nicht immer befriedigend. »Zur Musik«, heißt es in einem Brief an den Komponisten Ferdinand Hiller, »herrscht viel Lust und Liebe hier; nur ist's auf die Länge mit allem guten Willen bei so beschränkten Mitteln unersprießlich, und die ganze Mühe fällt in den Brunnen.« Da fragte man aus Leipzig an, ob Mendelssohn die Leitung des Gewandhaus-Orchesters übernehmen wolle.

Die Bürgerstadt Leipzig, als Handelszentrum so bedeutend wie als Sitz der Universität, pflegte große künstlerische Traditionen. Die Theaterreformen der Neuberin, die literarischen

Gottscheds und Gellerts, die Aufführungen des Thomaner-chors, der Singakademie und eben des Gewandhaus-Orche-sters entsprachen dem hohen Bildungsniveau eine wohl-habenden Gesellschaft, in der sich Goethe wie in einem »Klein-Paris« gefühlt hatte. Für Mendelssohn war Leipzig ge-nau der richtige Boden. Hier hatte Johann Sebastian Bach ge-lebt, hier, in der Buchhändler- und Verlegerstadt, fanden seine literarischen Interessen reiche Nahrung. Fortschrittliches Denken verband sich harmonisch mit der Überlieferung; der romantische Zeitgeist fühlte sich durch klassisches Formge-fühl nicht bedrückt. In dem hölzernen Gewandhaussaal mit der berühmt guten Akustik stand ein Motto nach Mendels-sohns Herzen: »Res severa verum gaudium.«

Am 4. Oktober 1835 dirigierte er zum erstenmal als neuer Gewandhausdirektor. Das Programm wies die Richtung: nach der eigenen Ouvertüre »Meeresstille und glückliche Fahrt« gab es Gesangsstücke von Weber und Cherubini, ein Violin-konzert von Ludwig Spohr und zum Schluß Beethovens vierte Symphonie in B-Dur. Die Leipziger waren begeistert, Men-delssohn selbst schrieb tief befriedigt über seinen Anfang nach Hause. Es fehlte auch nicht an berühmten Freunden von außerhalb; Moscheles und Chopin kamen nach Leipzig, Clara Wieck spielte »wie ein Teufelchen« Mendelssohns h-Moll-Capriccio, er selbst brillierte in einem der nächsten Konzerte als Solist seines Klavierkonzerts in g-Moll.

In dieser Zeit künstlerischer Hochspannung und berufli-chen Glücks trifft ihn die Kunde vom Tod des Vaters. »Es muß für mich ein neues Leben anfangen oder alles aufhören – das alte ist nun abgeschnitten«, heißt es in einem Brief an den Geistlichen Julius Schubring, einen Freund aus Berliner Kind-heitstagen. Doch selbst dieser scharfe Schmerz kann das Gleichgewicht nicht erschüttern, das wie ein ewig blauer Him-mel Mendelssohns Leben kennzeichnet. In liebenden Gedan-ken an den wahrhaft Entschlafenen wird die Arbeit am »Pau-lus« fortgesetzt und rasch beendet. Die Leipziger Tätigkeit füllt ihn aus, befriedigt ihn, so daß er berichten kann, er habe »den ganzen Winter hindurch noch keinen verdrießlichen Tag, fast kein ärgerliches Wort« gehabt.

Im März 1836 erfuhr der Achtundzwanzigjährige die Aus-zeichnung einer Ehrenpromotion; die philosophische Fakultät der Leipziger Universität machte ihn zum Doktor »ob insignia in arte musices merita«. Es war, neben dem Orden Pour le mérite, den ihm Preußens König Friedrich Wilhelm IV. 1842 verleiht, die höchste Ehrung seines an Erfolg so reichen Lebens. Zwei Monate später kam in Düsseldorf unter Mendelssohns Leitung sein Oratorium »Paulus« zur ersten Aufführung, der Fanny Hensel und Klingemann beiwohnten; der Erfolg ist dem großartigen, von schönem religiösem Pathos erfüllten Werk so treu geblieben wie dem zehn Jahre später entstandenen »Elias«. In beiden erkannte die Mitwelt Fortsetzungen der Traditionen Händels und Haydns.

Von Düsseldorf reiste Mendelssohn nach Frankfurt am

Arbeitszimmer in Mendelssohns Haus in Leipzig

Main, um den Caecilienverein zu dirigieren. Hier lernte er die schöne Cécile Jeanrenaud kennen, Tochter des verstorbenen Predigers der französischen reformierten Gemeinde. Das stille, milde und heitere Mädchen erschien ihm als die ideale Lebensgefährtin; im September 1836 wurde sie seine Verlobte, im März 1837 seine Frau. Nach einer längeren Hochzeitsreise durch Süd- und Westdeutschland und einer Konzertverpflichtung, die Mendelssohn allein nach Birmingham führte, bezog das Paar die Leipziger Wohnung in Burgensteins Garten, mit Blick auf die Thomanerschule, über Gärten und Stadttürme. Die Ehe war ungetrübt glücklich, und mit jedem der fünf Kinder, die Cécile ihm schenkte, ging Felix mehr in seinem Familienleben auf. Seine Frau war eine begabte Zeichnerin wie er selbst; neben der Musik wurde im geselligen Kreis viel schöngeistige Lektüre getrieben. Unter den Gästen, die häufig ins Haus kamen, waren Franz Liszt, der Geiger Ferdinand David, den Mendelssohn als Konzertmeister an das Gewandhaus verpflichtet hatte, und das Ehepaar Schumann.

Robert Schumann redigierte seit 1834 die Neue Zeitschrift für Musik und stand Mendelssohn, den er als Komponisten bewunderte, auch freundschaftlich nahe. »Wenn ein Orchester«, schreibt er 1837, »ohne Ausnahme eines Einzelnen, an seinem Dirigenten hängt und glaubt, so gebührt unserm das Lob, wozu es freilich auch Grund haben mag. Von sogenannten Kabalen und dem Ähnlichen hört man hier nichts und so ist's recht und müssen Kunst und Künstler gedeihen.«

Dem Orchester galt Mendelssohn Hauptsorge. Es ließ es nicht bei der Leitung der zwanzig traditionellen Abonnementskonzerte bewenden, die bald Leipzig zur führenden deutschen Musikstadt machten und in denen der Geist Bachs, Händels, Haydns, Mozarts und Beethovens lebendig erhalten wurde. Er kämpfte für die Sicherstellung der Musiker, für Erhöhung der Subvention und damit indirekt der künstlerischen Qualität. Als es galt, die Mittel für ein Bachdenkmal zu finden, gab er – der von Jugend an ein vorzüglicher Organist gewesen war – Orgelkonzerte in der Thomaskirche.

In Berlin blieb sein Wirken nicht unbemerkt. Als 1840 der »Romantiker auf dem Thron«, Friedrich Wilhelm IV., König wurde, erging bald ein Ruf an Mendelssohn, die Musikabteilung der Akademie der Künste zu leiten. Doch das zwittrige

Projekt konnte ihn nicht ganz froh machen. Häufig fuhr er zu Besprechungen in die preußische Hauptstadt; ja, im Juni 1841 mietete er eine Wohnung nahe dem Elternhaus. Ein Jahr lang wollte er sich den Berliner Betrieb ansehen, ohne aber Leipzig ganz untreu zu werden. Zu einer festen Bindung kam es nicht, trotz aller Begeisterung des Königs, der seine Gunst durch die Verleihung des Generalmusikdirektortitels und später des Pour le mérite bewies. Doch entstand 1841, ebenfalls auf Wunsch Friedrich Wilhelms, die Musik zu Ludwig Tiecks Bearbeitung der sophokleischen »Antigone«, deren Aufführung im Potsdamer Neuen Palais nicht nur die anwesende Fanny Hensel stark beeindruckte.

Je reifer Mendelssohn wurde, desto mehr entwickelte sich in dieser Bürgernatur ein Geschmack von aristokratischer Exklusivität. Die lauten Erfolge Meyerbeers und Rossinis, aber auch der Reklamelärm um den von ihm so hoch geschätzten Franz Liszt waren ihm unerträglich. Damals, im Frühjahr 1842, machte ihm der junge Richard Wagner seinen Besuch, dem er sagte, »er selbst würde jeden Falls künftigen Winter Berlin verlassen, weil es ihn empöre, für nichts und wieder nichts dort zu sein«. Er begegnete dem Komponisten des »Fliegenden Holländers« mit reservierter Höflichkeit und führte seine Musik in Leipzig auf. Wagner vergalt die Noblesse mit Argwohn und Verdächtigungen; schlimmer als die grundsätzliche Ablehnung des jüdischen Künstlertums in der Schrift »Das Judentum in der Musik« (1850) sind die vielen Stellen in »Mein Leben«, in denen Mendelssohn des Neides bezichtigt wird. So sehr dieses alleinstehende Urteil durch die Stimmen aller anderen Zeitgenossen aufgewogen wird, hat es doch Mendelssohns Bild verdunkelt. Seine Vornehmheit und Uneigennützigkeit, seine kollegiale Hilfsbereitschaft aber lassen ihn als eine der liebenswertesten und menschlich reinsten Gestalten der deutschen Musik erscheinen.

In London, wo Mendelssohn mit Cécile im Frühjahr 1842 eintraf, nahmen die Ehrungen kein Ende. Ein Brief an die Mutter schildert, wie er im Buckingham Palace mit dem Prinzen Albert und der jungen schönen Königin Viktoria musiziert, gar nicht festlich, sondern gleichsam en famille: »Das einzige freundliche englische Haus, so recht behaglich und wo man sich à son aise fühlt, ist Buckingham Palace.« Es sollte eine der

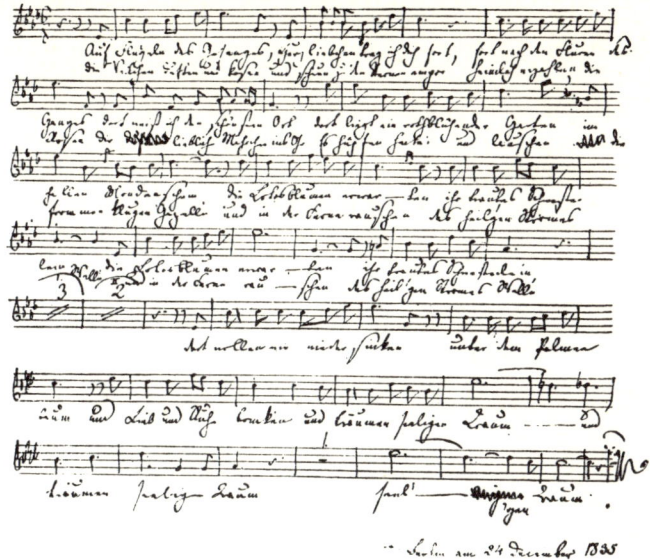

Autograph des Liedes »Auf Flügeln des Gesanges«

letzten Freuden sein, die er der Mutter bereiten konnte; im Dezember entschlief sie ruhig wie sieben Jahre vorher ihr Mann.

Endlich wurde ein Projekt Wirklichkeit, an dessen Vorbereitung Mendelssohn seit Jahren gearbeitet hatte: im April 1843 wurde das Leipziger Konservatorium eröffnet. Mendelssohn wollte zwar nur einer von den Lehrern sein, war aber doch von Anbeginn Mittelpunkt der Schule. Neben ihm unterrichteten Moritz Hauptmann (Harmonielehre und Kontrapunkt), Robert Schumann (Klavier), Ferdinand David (Geige), Christian August Pohlenz (Gesang) und Karl Ferdinand Becker (Orgel). Auch diesem Werk war das Schicksal günstig; nach wenigen Jahren schon galt Leipzigs Konservatorium als die erste Musikschule Deutschlands und eine der ersten in der Welt.

Noch einmal versuchte der König von Preußen, Mendelssohn an Berlin zu binden, indem er ihm die Leitung des Domchors und der Staatskapelle anvertraute. Aber Mendelssohn erfüllt die Berliner Pflichten mit halbem Herzen und kehrte schließlich nach Leipzig zurück, dem er sich nicht nur als

Ehrenbürger eng verbunden fühlte. Hier hatte seine Kunst in umfassender Weise stilbildend gewirkt. Als Pianist und Orgelmeister, als Dirigent und Komponist hatte er für sein Ideale der technischen und formalen Vollendung und der geistigen Kompromißlosigkeit gearbeitet. Werke wie das Klaviertrio in d-Moll und die Variations sérieuses für Klavier verkörperten seinen romantisch beseelten Klassizismus so schön wie die nach vielen Jahren endlich abgeschlossene Schottische Symphonie. Ein Ereignis für die Theaterwelt wurde im Oktober 1843 die Potsdamer Aufführung des Shakespeareschen »Sommernachtstraums« mit Mendelssohns Musik. Auf Anregung des Königs Friedrich Wilhelm hatte er aus dem Geist der Ouvertüre eine große Anzahl von neuen Stücken geschrieben, darunter das Scherzo. Der Erfolg weckte nochmals in dem Komponisten die Sehnsucht nach einer Oper, die er seit der mißglückten Premiere der »Hochzeit des Camacho« 1827 unterdrückt hatte. Eine »Loreley«, die ihn lange beschäftigte, blieb unvollendet, ein Plan mit Shakespeares »Sturm« wurde nur erwogen.

1844 war es Mendelssohn gelungen, die letzten Vertragsbindungen an Berlin zu lösen; gleichzeitig nahm ihm der junge dänische Komponist Niels Wilhelm Gade, den er mit Aufführungen der »Nachklänge aus Ossian« und der c-Moll-Symphonie in Leipzig eingeführt hatte, einen Teil der Gewandhauskonzerte ab. In das Jahr 1844 fiel auch die Vollendung einer Arbeit, die ihn seit sechs Jahren beschäftigt hatte: des Violinkonzertes in e-Moll. In seiner Verbindung von Glanz und Innigkeit, seinen klassisch ausgewogenen Maßen, der Wärme seiner Melodik wurde es nicht nur ein Gipfel des Mendelssohnschen Schaffens, sondern ein Meisterwerk der Gattung, das neben den Violinkonzerten von Beethoven und Brahms im Repertoire weiterlebt.

Trotz wachsender internationaler Erfolge, regelmäßiger Reisen nach England und Belgien, nach Frankfurt und ins Rheinland, führte Mendelssohn in den letzten Jahren ein stilleres, der Familie und der schöpferischen Arbeit mehr zugewandtes Leben. Seit langem beschäftigte ihn die Partitur des großen abendfüllenden Oratoriums, das schließlich 1846 beendet wurde, des »Elias« nach Worten des Alten Testaments. Die Uraufführung fand am 26. August auf dem Musikfest in Birmingham statt; sie brachte nicht nur dem dirigierenden Komponisten einen Triumph ohnegleichen, sondern festigte für Generationen die dominierende Stellung seiner Musik im englischen Konzertleben.

Aber die physische Kraft ließ nach. Mendelssohn litt an Kopfschmerzen, zog sich allmählich von der Welt zurück. Zeitweise erholte er sich in Frankfurt, das ihm als Heimat Céciles lieb war. Am 11. März 1847 leitete er zum letzten Mal ein Gewandhauskonzert, bald danach, ebenfalls in Leipzig, seinen »Paulus«. Der April führte nach London, wo ihn das Publikum ebenso auszeichnete wie die königliche Familie. Auf der Rückreise in Frankfurt traf ihn schmerzlich die Botschaft vom Tode Fanny Hensels. Die geliebte Schwester war während einer Probe zu seiner »Walpurgisnacht« leblos zusammengebrochen. Felix schrie auf bei der Nachricht; ein Bluterguß im Gehirn machte ihn bewußtlos. An Wilhelm Hensel schrieb er: »Das ganze Irdische sieht nun anders aus, und wir wollen versuchen uns einzuschränken. Aber bis wir's gelernt haben, ist wohl auch unser Leben vergangen.«

Noch einmal beginnt eine Weile reichen Schaffens, Lieder, Klavierstücke, Chöre, Kammermusik. Ende Oktober, bei einem Spaziergang mit Cécile, bekommt Mendelssohn den ersten Schlaganfall. »Müde, sehr müde«, sind seine letzten Worte. Am 4. Novemver stirbt er, ein Lächeln auf dem Gesicht, achtunddreißig Jahre und neun Monate alt. Nach der Leipziger Trauerfeier in der Paulinerkirche geleitete ein Fakkelzug den Sarg zum Bahnhof; die nächtliche Bahnfahrt nach Berlin wurde in Köthen und Dessau durch Trauerchöre der dortigen Chorvereine unterbrochen. Singakademie und Domchor grüßten im Frühlicht des Novembermorgens den Entschlafenen, der auf dem Dreifaltigkeits-Friedhof neben Fanny Hensel beigesetzt wurde.

Mendelssohns Werk aber lebt weiter. Es hat die Zeit der Verbote in der Nazizeit so sicher überdauert wie die Diffamierungen seines Schöpfers. Die Ouvertüren, Symphonien und Instrumentalkonzerte, ausgewählte Klavierstücke, Lieder und Kammermusikwerke werden ebenso im Repertoire bleiben wie der »Elias« und die Bühnenmusik zum »Sommernachtstraum«. Denn Mendelssohn war kein »fremder Hospitant der deutschen Musikromantik«, sondern eines ihrer legitimen Genies. Jules Combarieu, der große französische

Forscher, hat ihn als den Musiker des Geschmacks neben Schumann als den des Gefühls, Wagner als den des Willens gestellt. Geschmackskultur und klassischer Formsinn aber sind in seinem Schaffen und Leben sittliche Kategorien geworden. Mendelssohn war in einer Zeit, als die Form selbst bedroht war, eine Art von Gewissen der Musik, die er zu klassischen Ordnungen zurückführte. Wo er Hierarchien gefährdet sah, politische und künstlerische, wehrte sich sein erhaltender Sinn; gegen den genialischen Schüler Otto Ludwig ebenso wie gegen die Ästhetik Wagners und Hector Berlioz', mit dem er symbolisch den Taktstock tauschte: ein weißes, lederbezogenes Stäbchen gegen eine Keule aus rohem Lindenholz. Friedrich Nietzsche sieht in ihm den Künstler der Vornehmheit. Der biedermeierlich feminine Zug in seiner Melodik ist wie die mitunter allzu geschliffene Form nur Außenseite einer Kunst, in der die lebhaftesten und fruchtbarsten Kräfte ihrer Zeit wirken.

Zwischen Selbstmord und Wahn

Robert Schumann

Um das weltliche Oratorium haben die Romantiker des neunzehnten Jahrhunderts mit weniger Glück geworben und gelitten als um die Oper. Es wurde, und dafür ist Robert Schumann der rührende Beweis, zur Lieblingsform derer, die für die Bühne zu innerlich, zu lyrisch-überschwänglich waren. Noch bei Joseph Haydn, dem Klassiker, half das unerschöpfliche Reser-

Robert und Clara Schumann –
Lithographie von Kaiser (1847)

voir naiven Glaubens und Fühlens, daß Musik und Wort sich zur Form banden und verschmolzen. Bei vielen Romantikern, obwohl (oder gerade weil) sie alle halbe Dichter und Literaten waren, wuchs aus dem Text das Hindernis.

Was kann man tun, um die oft herrliche Musik zu retten, die in diesen mißglückten Meisterwerken investiert ist? Seit Generationen war die Antwort auf solche Fragen negativ. Schumanns Oratorien blieben ungesungen und ungehört; selbst leidenschaftliche Davidsbündler trauerten ihnen kaum nach. »Der Rose Pilgerfahrt«, die »Faust«-Szenen und sogar der einst so populäre Singroman »Das Paradies und die Peri« verstaubten in den Regalen der Chorvereine und der Musikalienhändler.

Bis das Jubiläumsjahr kam, 1956, mit der Zentenarfeier des 29. Juli, an dem das müde verwirrte Herz Schumanns in der Heilanstalt Endenich bei Bonn zu schlagen aufhörte. Gedenktage sind gut, um Meinungen zu revidieren, Vorurteile zu berichtigen, Unrecht gutzumachen. Doch war das Schumannbild unseres, des zwanzigsten Jahrhunderts, das Bild eines genialen, aber auf Klavierstück und Lied beschränkten Komponisten, zu verändern?

Mit dem romantischen Sinn für exotischen Schauplätze hat sich Schumann 1843 die Peri-Episode aus Thomas Moores Erzählung »Lalla Rookh« als Gegenstand gewählt. In der persisch-islamischen Auffassung sind die Peris gefallene Engel beiderlei Geschlechts. Bei Schumann ist es ein hörbar weiblicher Geist, der zweimal vergeblich um Einlaß in das verlorene Paradies bittet. Aber die Gaben, die er überbringt: Herzblut eines indischen Helden, Seufzer einer ägyptischen Jungfrau, die mit dem Geliebten stirbt, – sie genügen dem Himmel nicht. Erst die Reuetränen eines Sünders öffnen die Tore Edens: die Peri ist »erlöst« wie nur ein Wagnerscher Held. Das ist ein Stoff ganz im Geist des romantischen Idealismus, erdenfern und honigsüß. Was soll er uns?

Immerhin ist »Lalla Rookh« höhere Literatur, und Friedrich de la Motte Fouqué hat die Geschichte verdeutscht, schon längst ehe Schumanns Freund Emil Flechsig seine wohlmeinend unzulängliche Übersetzung schrieb. Dieser Text, so wie ihn Schumann komponiert hat, ist heute schwer zu ertragen. Da stehen Dinge von wahrhaft himmlischer Schönheit, exoti-

Titelblatt der Erstausgabe (1845), aus dem Besitz von Johannes Brahms

sche Stellen von farbiger Kraft und pikanter Anmut neben Liedertafeleien und Maniriertheiten, die einem den Genuß trüben.

Wer in dem Autor der »Dichterliebe«, des »Carnaval« und der C-Dur-Fantasie op. 17 eines der größten Genies der Musik verehrt, der kann »Das Paradies und die Peri« nur »von oben herab lieben«, wie Heinrich Heine es ausgedrückt hätte. Das Stück wird, auch in bester Darstellung, nicht wieder lebendig werden. Doch es gibt Anlaß, Zeit und Umwelt seiner Entstehung zu betrachten.

Robert Schumann, geboren in Zwickau am 8. Juni 1810, war ein Jahr jünger als Felix Mendelssohn, drei Jahre älter als Richard Wagner. Mit fünfzehn versucht er sich literarisch. Damals erschüttert ihn tief der Verlust des geliebten Vaters. Noch glaubt er nicht an seine Berufung als Musiker und studiert Jura in Heidelberg.

Ostern 1830 hört er in Frankfurt den Über-Geiger Niccolo Paganini. Seine ersten Klavierwerke entstehen: »Abegg«-Variationen und »Papillons«. In Leipzig wird der große Klaviermeister Friedrich Wieck sein Lehrer. Unzufrieden mit den eigenen Fortschritten, will Schumann 1832 den Erfolg herbeizwingen. Er bindet den dritten Finger der rechten Hand beim Üben fest, um Unabhängigkeit des vierten zu erreichen. Bald ist die Hand gelähmt. An die ersehnte Virtuosenlaufbahn kann er nicht mehr denken. Noch versucht er alle Heilmittel; am 28. Juni 1838 meldet er der Mutter: »Mein Handübel lasse ich jetzt homöopathisch behandeln. Doktor Hartmann sagte lachend, das könne kein Allopath kurieren – in einem Vierteljahr solle das Übel geheilt sein, nahm ein klein, klein Pülverchen heraus und verordnete strenge Diät, wenig Bier, weder Wein noch Kaffee. Die Elektrizität, die ich vorher brauchte, hatte *hier* vielleicht mehr geschadet, da der kranke Teil durch zu stark reizende Mittel eher abgestumpft wird«.

Mit der ersten seiner Nervenkrisen war 1833 die Erfindung der »Davidsbündler« zusammengetroffen. Im Leipziger Restaurant »Kaffeebaum« sitzt er an einem Ecktisch, viel Bier trinkend und Zigarren rauchend bis in die Nacht. Noch bevor Schumann in seiner »Neuen Zeitschrift für Musik« die imaginären Mitglieder des Bundes regelmäßig schreiben läßt, heißt es in einem Brief an seinen Kompositionslehrer Heinrich Dorn: »Der Davidsbund ist nur ein geistiger romantischer, wie Sie längst gemerkt haben. Mozart war ein ebenso großer Bündler, als es jetzt Berlioz ist, Sie es sind, ohne gerade durch Diplom dazu ernannt zu sein .... Florestan und Euseb ist meine Doppelnatur, die ich wie Raro gern zum Mann verschmelzen möchte ... Die andern Verschleierten sind zum Teil Personen...«

Doppelnatur ist das Wort, mit dem Schumann sich als gespalten erkennt und bezeichnet. Zu den ersten literarischen Äußerungen solcher Art gehört »Meister Raros, Florestans

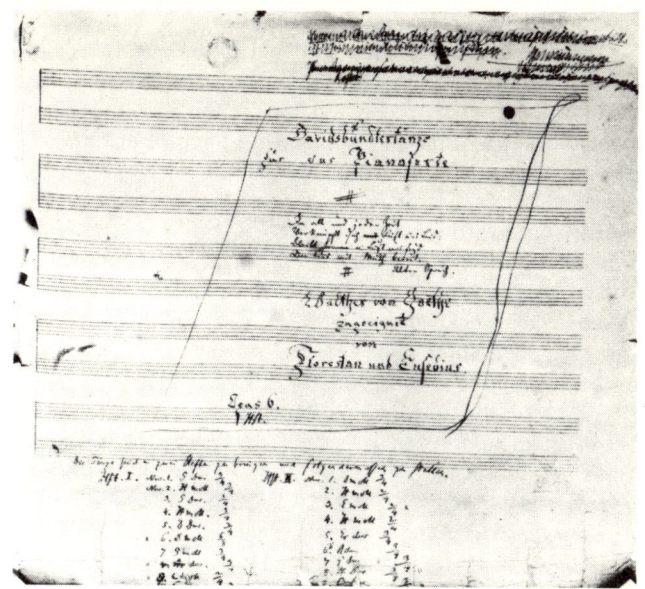

Davidsbündlertänze – Autograph der Titelseite

und Eusebius' Denk- und Dichtbüchlein«, das noch lange
nach seiner Niederschrift (1833) ungedruckt blieb. Es leitet
recht eigentlich die hunderte von großen und kleinen Schriften ein, mit denen Schumann bis 1853 das Musikleben seiner
Zeit kommentierend begleitet hat. Schon zu Beginn stehen die
Bündler betrachtend zusammen. Über einen jungen Mann,
der in der Probe die Partitur der achten Symphonie von Beethoven liest, meint Eusebius: »Das muß ein guter Musiker
sein!« »Mit nichten«, sagte Florestan, »das ist der gute Musiker, der eine Musik ohne Partitur versteht, und eine Partitur
ohne Musik. Das Ohr muß des Auges und das Auge des Ohres
nicht bedürfen.« – »Eine hohe Forderung,« schloß Meister
Raro, »aber ich lobe dich darum, Florestan!«

Selbst ein Meister des Kontrapunkts und Bewunderer
J.S. Bachs (dessen Grab er auf dem Leipziger Kirchhof vergeblich suchte!), läßt Schumann seinen Florestan »Von Kontra-
punktlern« sagen: »Verweigert dem Geist nicht, was ihr dem
Verstand nachseht; quält ihr euch nicht in den jämmerlichsten

Spielereien, in verwirrenden Harmonien ab? Wagt es aber einer, der eurer Schule nichts verdankt, etwas hinzuschreiben, das nicht eurer Art ist, so schmäht ihn der Zorn. Es könnte eine Zeit kommen, wo man den von euch schon als demagogisch verschrieenen Grundsatz: ›was schön klingt, ist nicht falsch‹ positiv in den verwandeln würde: ›alles, was nicht schön klingt, ist falsch.‹ Und wehe dann euren Kanons und namentlich den krebsförmigen!«

Schumann und die Frauen – ein wichtiges, wechselvolles Stück Leben! Als Hausgast seines Lehrers Wieck begegnet er dessen Töchterchen Clara. Mit der Elfjährigen macht er Spaziergänge, bei denen ganz kindlich gespielt wird. Sein Tagebuch berichtet oft von ihr, sie sei hübscher und gewachsen, aber auch ängstlich und albern. Bald fängt Claras Laufbahn als Wunderkind und europäisch gefeierte Pianistin an. Goethe preist 1831 ihre Kraft und schenkt ihr sein Bild mit Widmung.

Während der Arbeit am »Carnaval« lernt Schumann in Asch die junge Ernestine von Fricken kennen, die als Estrella zu den Figuren des Faschingszyklus gehört. Doch die spontane Verlobung der beiden wird bald aufgelöst: schon 1835 spürt Robert, daß Clara seine größere Liebe ist. Vater Wieck sperrt sich mit allen Kräften und verjagt, herrschsüchtig wie er ist, Clara nach Dresden und von da auf Konzertreisen.

Schumann läßt schon 1832 die Bündler über sie schreiben. Florestan: »Ist es das Wunderkind, über dessen Decimenspannungen man den Kopf schüttelt, obwohl verwundert?« Eusebius: »Sie zog frühzeitig den Isisschleier ab. Das Kind sieht ruhig auf, – der ältere Mensch würde vielleicht am Glanz erblinden.« Raro: »An Clara darf schon nicht mehr der Maßstab des Alters, sondern der der Leistung gelegt werden.« Und nochmals Florestan: »Clara Wieck ist die erste, *deutsche* Künstlerin.«

Die zwei Liebenden lassen sich nicht trennen. 1836 zwingt Wieck die Tochter, alle Briefe und die von Florestan und Eusebius ihr gewidmete fis-Moll-Sonate an Schumann zurückzugeben. Für diesen beginnt die dunkelste Zeit. Er will ihr »ein tiefes Geheimnis seines schweren psychischen Leidens« anvertrauen. Schon früher hatte er an Höhenangst und Furcht vor der Cholera gelitten. In seinen Aufzeichnungen notierte er 1833: »Heftiger Blutandrang, unaussprechliche Angst, Vergehen des Atems, augenblickliche Sinnesohnmacht«. Um dem Wahnsinn zu entgehen, wollte er aus dem Fenster springen.

1840 erzwingen er und Clara gegen Wieck durch Gerichtsbeschluß die Erlaubnis zur Heirat. Doch auch die Ehe ist nicht glücklich. Clara will reisen und noch berühmter werden; er

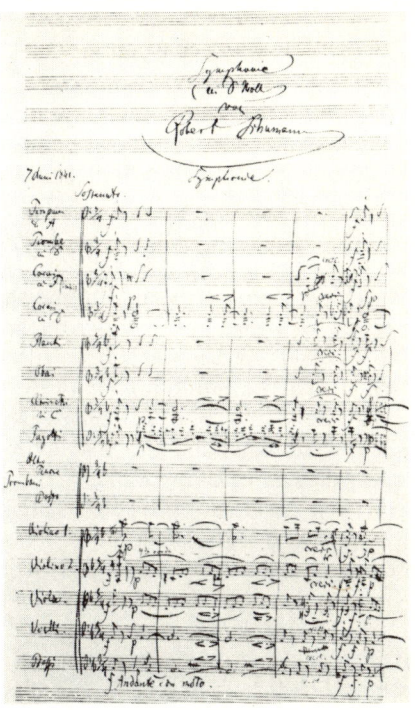

4. Symphonie in d-Moll, Beginn des 1. Satzes

möchte in der Stille arbeiten. Seine Schwindelanfälle kommen wieder. 1844 auf einer Konzertreise nach Rußland treten Angsterscheinungen und rheumatische Schmerzen auf.

1850 wird er in Düsseldorf städtischer Musikdirektor. Aber er kann die finanziell rettende Aufgabe nicht erfüllen, erweist sich als schlechter Dirigent, bricht bei den Proben zusammen. 1853 erleidet er einen »Nervenschlag«. Der Arzt erklärt: »Das ist ein verlorener Mann, der hat ein unheilbares Gehirnleiden«.

Indessen ist unaufhaltsam der Strom seiner Musik geflossen. Sieben Klavierwerke allein 1837, darunter die »Davidsbündlertänze«, »Kinderszenen«, »Kreisleriana« und die zweite Sonate. 1840 allein 138 Lieder. Endlich 1841 die d-Moll-Symphonie, die er als zweite ihrer Art schrieb und Jahre später, unmittelbar vor der völligen Umnachtung seines Geistes, als vierte in die endgültige Form brachte. Darin gibt es einen großen, genialen, in Schumanns gesamtem Werk sonst nicht erreichten Moment. Es ist die dynamische Steigerung der Überleitung vom Scherzo zum Finale, ein Einfall, der seine Beethovensche Prägung nicht verleugnet und dabei doch in jeder Phase Schumanns romantischen Geistesschwung spüren läßt. Es ist, als träte man aus einer kultivierten, gemütlichen Bürgerwohnung unversehens in eine heroische Landschaft. Diese Genieflamme läßt alle vorigen Mängel der in mancher Hinsicht spröden, orchestral nicht überall geglückten Partitur vergessen. Denn Schumann war kein geborener Symphoniker und verstand ungleich weniger inspiriert für Orchester zu setzen als der von ihm bewunderte Hector Berlioz. Darin glich er Frédéric Chopin, dessen überragende Erscheinung er 1831 spontan erkannte. Die ersten Gespräche der Davidsbündler gelten ihm. Das berühmte Wort des Eusebius: »Hut ab, ihr Herren, ein Genie« leitet die illustre Reihe Schumannscher Entdeckungen ein. Sie wird mit »Neue Bahnen« enden, wo der junge Johannes Brahms auftaucht und Schumann prophezeit: »Wenn er seinen Zauberstab dahin senken wird, wo ihm die Mächte der Massen, im Chor und Orchester, ihre Kräfte leihen, so stehen uns noch wunderbare Blicke in die Geheimnisse der Geisterwelt bevor. Möchte ihn der höchste Genius dazu stärken, wozu die Voraussicht da ist, da ihm auch ein anderer Genius, der der Bescheidenheit, innewohnt. Seine Mitgenossen begrüßen ihn bei seinem ersten Gang durch die Welt, wo seiner vielleicht Wunden warten werden, aber auch Lorbeeren und Palmen; wir heißen ihn willkommen als starken Streiter.«

Das war 1853. Bald nehmen die Lebens- und Kunstkonflikte zu. Schumann überwirft sich mit Freunden und der »Musikalischen Gesellschaft«. Beim Hannoverschen Musikfest 1854 weiß er keinen Ausweg und will sich umbringen. Er wird als unheilbar Kranker in die Heilanstalt Endenich bei Bonn gebracht. Nun lebt er zwischen Halluzinationen und Erinnerungen. Die schöne Welt, die er auf der Jugendreise nach Italien und später gemeinsam mit Clara gesehen und bewundert hat, erscheint ihm in Träumen. Seine Tochter Eugenie meint, der Vater sei an geistiger Überarbeitung zerbrochen. Wir kennen sein Leiden heute als Schizophrenie.

Schumann will Clara, die zum achtenmal von ihm schwanger ist, nicht sehen. Joseph Joachim und Brahms besuchen ihn. Im Juli 1856 hört der Todkranke auf, zu essen. Clara darf nun zu ihm. Sie berichtet über den Sterbenden: »Er lächelte mich an und schlang mit großer Anstrengung, denn er konnte seine Glieder nicht mehr regen, seinen Arm um mich.«

Am 29. Juli 1856 starb Robert Schumann, im selben Jahr wie Heinrich Heine, dessen Lyrik mehr als dreißig seiner Lieder angeregt hat, von dramatischen Szenen wir »Belsazar« bis zu unsterblichen Miniaturen wie »Wenn ich in deine Augen seh.« Clara hat den Jungvollendeten um vierzig Jahre überlebt.

Wenn es eine Verkörperung deutscher Romantik gegeben hat, dann in seinem Werk und seinem irdischen Dasein.

Offenbarung durch Klänge
Frédéric Chopin

Süße und Schönheit des Schattens hat keiner so auszudrücken vermocht wie Polens größter Künstler Frédéric Chopin. Im Bereich des Kranken, Unheimlichen, schwärmerisch sich Verzehrenden lebt und atmet seine Musik. »Nocturne« und »Im-

Zeichnung von Eugène Delacroix (um 1838)

promptu« sind viele seiner Klavierstücke überschrieben; nächtlich und vom Augenblick eingegeben wirkt alles, was er geschaffen hat, und selbst in den Scherzi schweigt selten der düstere Dämon eines Gemüts, das schon früh Todesahnung verwirrte. Vom Vater erbt er die hohe intellektuelle Kultur des gebildeten Franzosen; von der Mutter, einer Krzyzanowska, polnische Ritterlichkeit und slawische Schwermut; von seinen Lehrern empfängt er die Botschaft deutsch-romantischen Musikgeistes.

Sein Leben umfaßt, nahezu synchron mit dem Otto Nico-
lais, Felix Mendelssohns und Edgar Allan Poes, die Jahre von
1810 bis 1849; knappe vier Dekaden, während derer sich in
Europa ungeheure Entwicklungen vollziehen. Es ist das Zeitalter der galoppierenden Industrialisierung und beginnenden
Vermassung. Gaslicht erhellt die Häuser und Straßen; in seinem grünlich stechenden Schein entstehen Dampflokomoti-
ve, Schiffsschraube und Elektromotor, nimmt Daguerre auf
Metallfolien seine ersten Lichtbilder auf. Neue soziale Verhältnisse drängen zur Krise; die sozialistischen Theorien Karl
Marx' und Friedrich Engels' heben die Welt aus den Fugen;
Demokratie und Nationalismus gehen eine Verbindung ein,
die auch vielen künstlerischen Kräften die Richtung weist.

Chopins Musik ist die leuchtendste Blüte des wiedererwa-
chenden polnischen Nationalgefühls. In all ihrer Reserve und
Ichgebundenheit, ihrer aristokratischen Abwehr und formalen Vollendung nährt sie sich doch vom Heimatboden. Aber
das Erlebnis der polnischen Volkstänze und -lieder, die den
jungen Warschauer Professorensohn bei seinen Landaufent-
halten so beglücken, ist von Anbeginn ein reflektiertes. Schon
die frühen Polonaisen, Mazurkas und die 17 Lieder, alle vor
1831 entstanden, zeigen gleiche Reife wie die spätere Produktion. Das nationale Element ist in ihnen übertragen auf eine
höhere Ebene künstlerischen Denkens; nur der jüngere
Bedřich Smetana (und viel später Béla Bartók) haben folklori-
stische Eindrücke so kunstvoll sublimiert. Bei Grieg, bei den
fünf berühmten Russen, tritt es ungleich naiver in Erscheinung.

Und doch, trotz ihrer Zugehörigkeit zu der großen Welle des
romantischen Nationalismus, erwehrt sich seine Erscheinung
der soziologischen Analyse. Es hat nicht an Versuchen gefehlt,
ihn als erbgesunden und erdgebundenen Volkskünstler zu
erklären. Nach manchen Biographien hat man den Eindruck,
Chopin habe sich am liebsten mit Bauern, Dorfschmieden,
Mägden und Spinnerinnen abgegeben. Das ist, gelinde ausgedrückt, nicht ganz korrekt.

Gewiß hat die polnische Volksmusik, hat die masowische
Landschaft auf den jungen Chopin entscheidend eingewirkt;
sogar das berühmte Rubato, die stimmungshafte Dehnung
und Straffung von Zeitmaßen, ist eine Eigentümlichkeit der

polnischen Folklore. Aber Chopin ist der Neigung und der Erziehung nach ein Aristokrat exklusivster Art, ein Künstler, dessen Mimosenhaftigkeit sich gegen alle Masse ängstlich verschloß, ja, ein Hasser dessen, was er so gern Pöbel nannte. Er gab nach seinem brieflichen Bekenntnis in Paris, wo er seit 1831 lebte, den größeren Teil seines Einkommens für die Equipage und weiße Handschuhe aus. Die internationale Adelsgesellschaft war der natürliche Boden seiner Erfolge. Er verabscheute, schon als Knabe ein gefeierter Pianist, das Konzertieren vor der Öffentlichkeit und spielte in Paris und London fast nur in privaten Zirkeln der oberen Zehntausend.

Autograph des Walzers op. 69/1

So stand er, obschon glühender polnischer Patriot, den sosozialen Bewegungen seiner Zeit ganz verständnislos gegenüber, wie übrigens viele Künstler der romantischen Schule. In seiner Musik war er revolutionär, im Leben konservativ. Wie alarmierend sein Klavierspiel, seine kühne chromatische Harmonik selbst im Zeitalter des Zaubergeigers Paganini und des ungarischen Klaviertitanen Franz Liszt wirkten, davon geben Zeitgenossen wie Robert Schumann und Heinrich Heine beredte Kunde. Als genialster Spezialist der abendländischen

Musikgeschichte (sein umfangreiches Werk ist fast ausschließlich dem Klavier gewidmet) hat er nicht allein den modernen Flügel – nach Erards entscheidender Erfindung der Repetitions-Mechanik – klanglich erschlossen. Er ist auch einer der Begründer der modernen chromatischen Harmonik und der eigentliche Inaugurator des musikalischen Impressionismus. Es ist kein Zufall, daß Claude Debussy als Herausgeber seiner Werke fungiert hat; Chopin hatte ihn vorausgeahnt.

Auch Chopin, bei aller oft fast gesuchten Originalität seiner Sprache, hat Einflüsse aufgenommen. John Field, der irische Romantiker, bildet den Typ des Chopinschen Nocturnes vor; Bellinis gesangliche Opernmusik hat auf seine Melodiebildung eingewirkt. Aber die bis zur Egozentrik persönliche Tonsprache ist ihm eigentümlich von Anbeginn. Sie hat Züge slawischer Melancholie, heroischen Ungestüms, lyrischer Tiefe und einer koketten französischen Grazie, die an die Sphäre des Dandytums streift. Gerade hierin hat ihn die fast zwanzigjährige Berührung der Pariser Salons geformt. Es ist eine Elite der Geistes-, Namens- und Geldaristokratie, der er seine Gesellschaft, seinen Esprit, seine Kunst schenkt.

Heine, Honoré de Balzac, Eugène Delacroix gehören zu seinem Umgang ebenso wie die adligen polnischen Emigranten und die Rothschilds, die seinen gesellschaftlichen Ruhm in Paris begründen. Delacroix vor allem steht ihm nahe; kein Chopinbild kommt an Innerlichkeit des Ausdrucks dem Ölporträt gleich, das der große Vorläufer des Impressionismus von ihm gemalt hat. 1842 schreibt Delacroix in einem Brief: »Ab und zu weht der Wind über den Garten her Klänge vom Fenster Chopins, der in seinem Zimmer arbeitet. Mit ihnen mischt sich der Gesang der Nachtigallen und der Duft der Rosen ... Ich habe endlose intime Unterhaltungen mit Chopin, den ich sehr liebe, der ein wahrhaft vornehmer Mann ist. Er ist der wahrhaftigste Künstler, dem ich je begegnet bin ... einer der wenigen, die man bewundern und schätzen kann.«

Der Brief ist in Nohant geschrieben, dem Landgut der Aurore Dudevant, die unter dem Namen George Sand vielgelesene Romane dichtete. Chopin lernte die berühmte und exzentrische Frau, die Zigarren rauchte und gern Mannskleider trug, bei einer anderen Emanzipierten kennen, Franz Lisztzs Freundin Marie d'Agoult. Er, den alle Frauen vergötterten, verfiel

George Sand mit Fächer – Zeichnung von Alfred de Musset

ihr. Ein Jahr später, 1838, fuhr er mit ihr und ihren beiden Kindern Solange und Maurice nach Mallorca. In Palma, später in dem abgelegenen Kloster Valdemosa, verbrachten sie Monate südlichen Glücks, aber auch kritischer Spannung. Chopin schrieb hier einige seiner genialsten Musiken: die 24 Préludes, die F-Dur-Ballade opus 38, das cis-Moll-Scherzo, die beiden Polonaisen opus 40 und die e-Moll-Mazurka aus opus 41.

Aber das Lungenleiden, für das man auf Mallorca Heilung erhofft hatte, wurde nur schlimmer. Der Zweck der Reise war verfehlt. Chopin unheilbar krank. Die letzten zehn Lebensjahre stehen ganz im Zeichen der Krankheit, einer geschwächten Physis, die auch mit den schöpferischen Kräften haushalten muß. Chopin unterrichtet viel. George Sands Verhältnis zu ihm kühlt sich allmählich ab. Bald war sie gewiß nur, was sie schon früher zu sein vorgegeben hatte: seine mütterliche oder schwesterliche Freundin. 1847 kommt es zum Bruch; die Gründe sind komplizierter, als die meisten Biographen erkennen wollen. George Sand ist eine schwierige, herrische Natur, und ihr Roman »Lucrezia Floriani«, der die Liebschaft mit Chopin kaum verschlüsselt durchscheinen läßt, war eine Taktlosigkeit. Aber auch Chopin ist nicht immer der sensitive,

Chopin am Arbeitstisch – Zeichnung von George Sand (um 1840)

mimosenhafte Aristokrat, den man in den Salons liebt. Es gibt Briefe von ihm, die höchst drastisch und mitunter ordinär formulieren. Über die Komplikationen im vertrauten Umgang mit ihm hat viele Jahre nach seinem Tod George Sands Tochter Solange (die Frau des Bildhauers Clésinger, der seine Totenmaske abnahm) aufschlußreiche Erinnerungen in der »Revue des deux mondes« geschrieben.

Es ist das Vorrecht des Genies, am Zeitgeist und an den Menschen seiner Umgebung vorbeizuleben. Musik war für Chopin, nach seinem Bekenntnis, die Kunst, sich durch Klänge zu offenbaren. In ihr ist er ganz wahrhaftig. Alles Leiden, das seine Natur aufsucht, erscheint hier sublimiert, zur vollendeten Form gestaltet. Eruptiv, wie eine Naturkraft, bricht die Musik aus ihm aus. Aber sein überempfindliches Ästhetengewissen duldet selten die erste Niederschrift. Wochen arbeitet Chopin an der Formung eines Gedankens, um dann bisweilen zur ersten Fassung zurückzukehren.

Menschen dieser Art sind kein leichter Umgang. Daß George Sand ihn gerade in den allerletzten Jahren verließ, als seine Lebensflamme schon bedenklich flackerte, spricht gegen sie, ist aber begreiflich.

Im April 1848 fährt Chopin nach London, wo er Virtuosener-
folge erntet und Jenny Lind als »Sonnambula« bewundert.
Auf dem schottischen Landsitz Calder House bei Edinburgh
verwöhnt ihn seine Schülerin Jane Stirling. Doch die Schwäche
nimmt so zu, daß ein Diener ihn tragen muß. Anfang 1849 reist
er ins geliebte Paris zurück, das ihm längst Heimat geworden
ist. An der Place Vendôme nimmt er seine letzte Wohnung.
Freunde bezahlen dem Arbeitsunfähigen den Lebensunter-
halt.

Chopin glaubt fast bis zum Schluß, in Italien Genesung finden zu können. Er empfängt Freunde und Bekannte. Auch ein
polnischer Abbé ist schließlich bei ihm, dem Atheisten. Am
16. Oktober nimmt er die Sterbesakramente. Die schöne Gräfin Delphine Potocka, eine Geliebte von früher, singt dem Tod-
geweihten vor. Sein letzter Wunsch ist, man möge sein Herz
nach Polen bringen. Die letzten Worte, die er spricht, sind an
die ferne Mutter gerichtet. Das letzte Schriftliche von seiner
Hand sind vier unheimliche Zeilen: »Da diese Erde mich
ersticken wird, beschwöre ich euch, meinen Körper öffnen zu
lassen, damit ich nicht lebend begraben werde.«

Fürst des Klaviers
Franz Liszt

Als am 13. April 1823 der zwölfjährige Schüler Carl Czernys im Redoutensaal sein erstes Wiener Konzert gab, soll ihn Beethoven, der fast Taube, wenig zum Enthusiasmus Geneigte, umarmt und geküßt haben. Als 1886 der greise Abbé, begleitet von dem Freund Kardinal Hohenlohe, in Rom den Abschiedsbesuch bei seinem italienischen Lieblingsschüler Giovanni Sgambati machte, soll ihm dort der junge Rompreisträger Achille-Claude Debussy vorgespielt haben. Beide Episoden

Lithographie von F. Kriehuber (1838)

aus dem Leben Franz Liszts sind nicht sicher dokumentiert. Aber sie kennzeichnen die Gestalt eines Mannes und Künstlers, dessen Dasein so sehr Legende, wie seine Kunst umstritten ist.

Liszt kam aus dem Burgenland, dem Grenzgebiet, wo Österreich und Ungarn sich nicht ganz klar scheiden. Wenn es eine Bestätigung für Taines und Comtes Milieutheorie gibt, dann liefert sie dieser rein Deutschblütige, den die kurze Kindheit auf ungarischen Gütern so imprägnierte, daß er zum Abgott des erwachenden magyarischen Nationalismus wurde. Freilich nur, bis 1859 seine Schrift »Les tsiganes et leur musique en Hongrie« den Haß der beleidigten Nation gegen ihn wendete.

In Wien, wo er mit einem Fürstlich-Esterhazyschen Stipendium studiert hatte, hielt es ihn nicht. Seit Herbst 1823 lebt er in Paris, wird von Cherubini – der Wunderkinder verabscheute – nicht am Conservatoire zugelassen, studiert seither autodidaktisch nach Kalkbrenners Methode, vertieft bei Paer und Reicha, die Wiener Theorienstudien bei Salieri. Tief beeindruckt ihn Fétis, dessen »Ordre omnitonique« er adaptiert, so begründend, was seine Musik an Tonartschwund aufweist. Ruhm wolkt um ihn, der dreizehnjährig in Paris eine Oper »Don Sancho« vorlegt, in den Palästen des Hochadels wie in den Mansarden der Geistesaristokratie als Ebenbürtiger verkehrt, dem sein christlicher Mystizismus nicht die Begeisterung für die Julirevolution 1830 verbietet. Längst nicht mehr »le petit Litz«, ist der Romantiker mit dem »profile d'ivoire« zum mondänen Liebling der Frauen geworden, aber auch zum Freund des exzentrischen Hector Berlioz, des diabolischen Geigers Nicolò Paganini, des elegischen Frédéric Chopin. So weltmännisch sich der Pseudoungar dem Salon des Balzacschen Paris anpaßt, so unbeirrbar wendet seine Kunst sich deutscher Musik zu. Der unvergleichliche Klavierspieler, dessen Wunderhände Neuerungen des Instrumentenbaus inspirieren, streitet in seinen »Soliloques«, den damals neuen Klavierabenden ohne Orchester, für Bach, Beethoven und Schubert wie für die virtuoseren Meister Hummel, Mendelssohn und Weber.

Die erste seiner skandalumwitterten Liebesaffären bindet an die Gräfin Marie d'Agoult. Gemeinsam verlassen die beiden 1835 Paris und bleiben fast acht Jahre verbunden. Aus dem freien Liebesbund wachsen Kinder, darunter Cosima, die

»Ständchen« von Franz Schubert, Bearbeitung für zwei Klaviere von Franz Liszt – erste Seite des Autographs

spätere Frau Hans von Bülows und Richard Wagners. Inzwischen hat Liszt das Wanderleben des großen Virtuosen begonnen. Europa liegt ihm zu Füßen; er wird zum Fürsten des Klaviers, das er – nach Busonis schönem Wort – in den Fürstenstand erhob, damit es seiner selbst würdig werde. Er empfängt Ehrungen, wie sie selten einem Virtuosen zuteil geworden sind. 1842 ernennt ihn die Universität Königsberg zum Ehrendoktor; 1844 der Großherzog von Sachsen-Weimar zum Hofkapellmeister.

Eine neue erotische Bindung, abermals an eine Verheiratete, macht ihn seßhaft. 1848 reist er mit der Fürstin Carolyne Sayn-Wittgenstein nach Weimar, wo die schwerreiche, extravagante Ukrainerin auf der Altenburg hofhalten wird. 1849 bis 1861 macht er als Chef der Oper die kleine Residenz zum Brennpunkt des äußersten Modernismus. Die Neudeutsche Schule findet hier jede Förderung. Richard Wagner, dem Liszt Jahre hindurch aus materiellen Nöten hilft, vertraut ihm die Uraufführung des »Lohengrin« an; für Peter Cornelius' »Barbier von Bagdad« setzt sich Liszt mit so viel Nachdruck und gegen so viele Schwierigkeiten ein, daß er 1861 die erschütterte Weimarer Position aufgibt. Kurz vorher hatte die wachsende Abneigung der traditionsfrommen Musiker zu dem berühm-

Liszt dirigiert die Uraufführung seines Oratoriums »Die Legende der heiligen Elisabeth«, Budapest 1865

ten Manifest gegen die Neudeutschen geführt, das Joachim und Brahms unterschrieben.

Liszts superlativischer Virtuosenruhm hat lange seine Bedeutung als Komponist in den Schatten gerückt. Was er als Erwecker des Klaviers geleistet hat, reicht weit über die Epoche hinaus. Die Erschließung des Klangraums von mehr als sieben Oktaven, die Aushorchung von Pedal- und Anschlagsnuancen, die orchestrale Vertiefung der Polyphonie mit der singenden Tenorlage, die Mischung extremer Farben in hoher Diskant- und tiefer Subkontraregion – sie wirken nach im Klaviersatz Debussys, Ravels und Messiaens wie im Klangdenken Skrjabins, Busonis und Bartóks. An die einsätzige Form seiner Sinfonischen Dichtungen und Sonaten konnte Schönberg anknüpfen. Wenn von den Orchester- und Chorwerken das meiste heute zeitgebunden, vieles schwülstig und theatralisch erscheint, so haben doch die Faustsymphonie (mit dem Zwölftonthema aus vier übermäßigen Dreiklängen), der »Christus« und die »Heilige Elisabeth« sowohl in konzertmäßiger als auch in szenischer Wiedergabe, die Graner Messe immer wieder die Größe seines Strebens, die Eigenart seiner Tonsprache bezeugt. Am überzeugendsten lebt seine Kunst in der Intimität des kleinen Klavierstücks, der Landschaftsschilderung, der düster-romantischen Stimmung. Da gibt es Kleinodien wie

1. Liszt erscheint mit überlegenem Lächeln, welches von seinem bescheidenen Priesterrock wohltuend gemildert wird. Donnernder Applaus, stürmische »éljen«-Rufe.

*2. Der erste Akkord. Rrrrum csin!
Er schaut zurück, als wenn er sagen würde,
gebt acht, jetzt kommt's!*

*3. Er schließt seine Augen, als wenn er nur für sich
spielen würde. Festliches Brummen der Saiten.*

*4. Pianissimo. Der heilige Franziskus Liszt von Assisi
spricht mit den Vögeln. Sein Gesicht verklärt sich.*

*5. Grübeleien eines Hamlet. Innenkämpfe eines Faust.
Tiefe Stille. Selbst das Husten wird zum Seufzer.*

*6. Chopin. George Sand. Rückerinnerungen.
Süße Jugend. Duft. Mondschein und Liebe.*

7. Dante. Die Hölle. Die Verdammten (unter ihnen auch das Klavier) stöhnen. Fieberhafte Aufregung. Der Sturm schlägt die Türen der Hölle zu. Bum!

8. Er spielte nur. Nicht nur für uns, auch mit uns. Mit imponierender Bescheidenheit verneigt er sich. Klatschender Applaus, betäubende »éljen«-Rufe.

»Verschiedene Haltungen Liszts, des Königs des Klaviers« – Karikaturen aus dem »Borszem Janko« vom 6. April 1873

»La lugubre gondola«, wie die »Zyprès de la Villa d'Este«, in denen Bitonalität und reine Akkordik, Quartenklänge und Ganztonskalen weit in die Zukunft weisen.

Wagner hat sehr genau gewußt und gelegentlich zugegeben, was er dem harmonischen Erfinder Liszt verdankte; Richard Strauss ist in seinen Programmsymphonien nur den Weg zu Ende gegangen, den Liszt gebahnt hatte.

Das Beispiel königlicher Noblesse und einer immer disziplinierteren menschlichen Haltung, das Liszt als reifer Mann seinem Jahrhundert gab, hat den ganzen Stand des Musikers gehoben. Als ihm jede Hoffnung genommen war, die Scheidung der Sayn-Wittgensteinschen Ehe zu erwirken und sein Verhältnis zu der Fürstin zu legalisieren, nahm er 1865 die niederen Priesterweihen. Er lebte zurückgezogen und bescheiden in Rom, verkehrte in aristokratischen und geistlichen Kreisen, spielte – nach einem damaligen Modewort – »das Pianino für Pio Nono«. Kurz vor Wagners Tod besuchte er den jüngeren Freund und Schwiegersohn im Palazzo Vendramin zu Venedig, und das lange Zeit getrübte Verhältnis der beiden Großen wurde wiederhergestellt. In Bayreuth, unweit der Villa Wahnfried, erreichte ihn 1886 der Tod. Von seinen vierhundert Schülern wurde die Botschaft seines Spiels, seines Menschentums in alle Länder der Welt getragen. Sie ist nicht verhallt. Seine Kunst als Schaffender und Nachschaffender, kurze Sternenstunde der Romantik, hat eine Brücke von der Klassik zum Impressionismus geschlagen. Beethovens Kuß, Debussys Händedruck stehen symbolisch am Beginn und Ende seiner Lebensbahn.

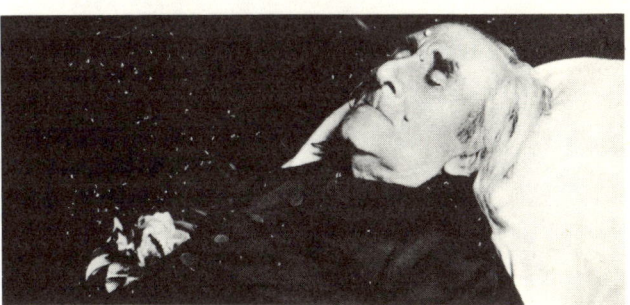

Liszt auf dem Totenbett, Bayreuth 1886

Das Volkslied der Großstadt
Jacques Offenbach

Nicht nur Gedenktage sollten an die Existenz eines merkwürdigen Menschen und Musikers erinnern, der die künstlerische Entwicklung der Gegenwart in genialer Weise vorausgeahnt und vorweggenommen hat. Am 5. Oktober 1880 starb der 61jährige Jacques Offenbach in Paris. Dieser Mann, von der Musikgeschichte hartnäckig verleumdet und verkannt, hat für das Theater der Gegenwart eine entscheidende Tat vollbracht: er hat den neuen Typus der leichten Musik, das Volkslied der Großstadt und seine dramatische Erweiterung, die Operette

Fotografie von Nadar (um 1875)

erschaffen. Aus der Enge eines kleinbürgerlich-jüdischen Milieus (sein Vater war der Kantor Juda Ebertsch) floh er in das Paris der zweiten Republik, das er bald als unumschränkter Diktator der Amüsierindustrie beherrschte, dessen Sitten und Ideale er mit aristophanischer Frechheit im Zerrspiegel seiner höchst persönlichen und agilen Kammerkunst auffing und reflektierte. Die intime dramatische Gattung, mit der er seine Theaterlaufbahn begann, der Singspiel-Einakter mit nur zwei bis vier handelnden Personen, war ein Ergebnis der äußeren Verhältnisse. Das winzige Haus in den Champs Elysées, wo Offenbach seine Bouffes Parisiens eröffnete, erzwang kleinste Szenerien; eine ministerielle Verfügung beschränkte die Spielkonzession auf Stücke, in denen höchstens vier Darsteller beschäftigt wurden. Und Offenbachs Meisterschaft bewährte sich in der Beschränkung aufs genialste. Unzählige Miniaturkunstwerke leichten Charakters entstanden in knappster Zeit. Arbeiten, deren Stoffe aus dem täglichen Leben gegriffen sind, Witze, die mit unnachahmlicher Eleganz vorgetragen und musikalisch formuliert wurden. Es sind sozusagen die klassischen Grundlagen der heutigen »Kleinkunst«. Diese Offenbachiaden, aus der Gattung der Opéra Comique abgeleitet, sind anti-illusionistisch bis zur Selbstverspottung. Sie verkörpern ein dramatische Ideal, das sich etwa der italienischen Commedia dell'arte vergleichen läßt. Eine subtile Kunstwelt des eingestandenen Scheins wird aufgebaut; eine Welt, in der das Leben nicht vorgetäuscht, sondern auf amüsante Weise analysiert, in pointierte Kleinzustände aufgelöst wird.

Zu dieser sehr vollkommenen dramatischen Ästhetik tritt bei Offenbach im Verlauf seines weiteren Schaffens das Kunstmittel der Travestie. Der intelligente, mit prophetischen Instinkten überreich begabte Musiker erkannte als erster Europäer die Wurmstichigkeit der klassischen Überlieferungen. So wurde ihm der griechische Mythos, dieses heiligste Gut bürgerlicher Humanistik, zum Gegenstand der blutigsten Parodien. Ich behaupte, daß »Orpheus in der Unterwelt« und »Die schöne Helena« dem humanistischen Bildungsideal wirksamer zugesetzt haben, als alle Berechnungen unserer Schulreformer.

Das Genie Offenbachs das zu Lebzeiten ganz Europa und halb Amerika in seinen Bann zog, ist nach seinem Tode dem

Offenbach als Zauberlehrling – französische Karikatur

öffentlichen Interesse in der ungerechtesten Weise entrückt worden. Die Stoffe seiner Operetten und Parodien haben unter dem gelitten, was sie seinerzeit besonders fesselnd gemacht hatte, unter ihrer Aktualität. Und fast alle Versuche, sie in Bearbeitungen und Umdichtungen der Gegenwart anzupassen, haben durch ihre dichterische Unzulänglichkeit mehr verdorben als gutgemacht. Nur ein Dichter unserer Zeit hat diese schwere Aufgabe vorbildlich gelöst und so einige der besten Werke Offenbachs für uns zugänglich gemacht; es ist Karl Kraus, ein ausgezeichneter Offenbachkenner, ein Mann, dem es gelungen ist, auch dem geheimsten Melodie-Duktus des Komponisten nachzuspüren und die Chansons und Chöre, etwa der »Vie parisienne«, zu neuer Pracht zu erwecken.

Aber, so sehr auch die Entwicklung der modernen Operette das zu widerlegen scheint, das Offenbachsche Werk hat in der Gegenwart einige Früchte getragen. Es gibt, besonders in Deutschland, eine Form der Kleinkunst, die sich in entschiedenen Gegensatz zur Operette stellt, die zum kammermusikalischen Geiste zurückgekehrt ist, auf die platten Effekte bürgerlicher Sentimentalität verzichtet und aus dem Prinzip der Tra-

Karikatur von Nadar

vestie ihre besten Einfälle bezieht. Ich meine die literarische Revue, deren neue Gestalt in Berlin während der zwanziger Jahre gefunden und in ein paar Fällen zu außerordentlich hohem Niveau gebracht wurde. Wie die raffinierten Gebilde Offenbachs wenden sich auch diese Kammerrevuen nicht an die geistig anspruchslose, schaulustige Menge des eigentlich klassenlosen Kleinbürgertums, sondern an eine kritische Oberschicht intellektuell Anspruchsvoller. Dieses Publikum fühlt sich in der Respektlosigkeit wohl; es neigt zur Selbstironie, und keine Erscheinung des modernen Lebens, vom deutschen Reichstag bis zum kokainschnupfenden Kurfürstendamm-»Dämchen«, bleibt von seinem Spotte verschont. Es ist eine Hörerschaft ohne »Ideale« im herkömmlichen Sinn, eine sozial schwer bestimmbare Gesellschaft von Skeptikern, die fortschrittlich genug ist, im Theater keine Tragödien zu suchen. Wenn Friedrich Holländer und Marcellus Schiffer in den »Hetärengesprächen« unter dem Schutz eines Lukianschen Titels die moderne Erotik ironisieren, wenn die intellektuell verdorbene moderne Frau als »Fleißige Leserin« ihre erlesenen Weisheiten vor uns ausbreitet, wenn in einer Szene der

Revue »Rund um die Gedächtniskirche« die falschen Genies des Romanischen Cafés ihre Nasenstüber kriegen, wenn in »Es liegt in der Luft« (dem Meisterstück der Gattung, nicht nur wegen der prachtvollen Spoliansky-Musik!) der Warenhausportier Willy Prager die Existenz einer deutschen Republik resigniert bezweifelt, wenn in »Wie werde ich reich und glücklich« die Unsicherheit und Maximengier des Menschen von 1930 (Kreszenz Berlin) persifliert wird – es ist Offenbachs Geist, der hier lebt. Freilich gibt es auch in dieser Gattung Entgleisungen, Dinge, die nur durch den spezifischen Darstellungs- und Vortragsstil erträglich werden.

Es ist aus mit dem Erhabenen. Zu dieser Erkenntnis gehört etwas Mut und Traditionslosigkeit. Aber kein denkender Mensch wird angesichts der sozialen Nöte unserer Zeit noch Lust auf künstlerische Tragik haben. Die Tragödien, die ein Dichter des 20. Jahrhunderts erfinden könnte, verblassen zu Nichtigkeiten neben dem, was täglich um uns herum geschieht. Wir haben einen latenten, uneingestandenen Haß gegen diese Umwelt. Sein Ventil ist die Travestie, die höhnische Kritik, die mehr oder minder harmlose Verspottung aller Dinge, die den Menschen zu anderer Zeit heilig gewesen wären. Gott, Vaterland, Familie, Obrigkeit – all diese ehemals unantastbaren Begriffe sind Anlässe zu frechen Couplets. Nicht, weil wir von Natur aus vor nichts mehr Respekt hätten. (Im Gegenteil, wir sehnen uns brennend nach etwas, das uns imponieren könnte!) Sondern, weil wir den Glauben an ihre Allmacht

Widmung mit Zitat aus »Orphée aux enfers«

verloren haben. Sie haben in den entscheidenden Dingen aufs kläglichste versagt. Also rächen wir uns, indem wir sie auf der Bühne verlachen. Auch das ist eine Art von Kult, von pervertierter Religion.

Gäbe es keine Götter, man hätte sie erfinden müssen, damit Offenbach sie verspotten konnte.

Porträt von Auguste Renoir

Die Kunst der Überredung

Richard Wagner

Man hatte den Abend bei Wesendoncks über den »Faust«
gestritten; der Aprilmorgen war milde, der erste »Tristan«-Akt
zum Stich abgeschickt. Wagner führte seine Gedanken zum
Thema des Vorabends in einem Brief, einer Morgenbeichte an
die nachbarliche Gastfreundin Mathilde aus. Faust sei nur ein
phantastischer Gelehrter, der, in die Welt geschickt, um zu lernen, die wichtigste Gelegenheit versäumt. Nämlich, in der Liebe zu Gretchen Heil und Erlösung zu finden. Und darum, weit
entfernt, der edelste Menschentypus zu sein, sei er blind und
jämmerlich. Das, ausführlich dargelegt und dialektisch unter-

Mathilde Wesendonck – nach dem Porträt
von C. Borner (1860)

mauert, füllt zur Hälfte den in einer Notenrolle mit »Tristan«-
Skizzen verborgenen Brief. Minna, argwöhnisch aus guten und
bösen Gründen, nimmt beides dem Diener ab, der es in die Villa tragen soll. Sie liest in Einleitung und Schluß der Epistel
Worte, die sie richtig und doch falsch versteht: »Liebe«, »sehe
ich Dein Auge, dann kann ich doch nicht mehr reden«, »hoffe
ich, einen Augenblick Dich ungestört zu finden«. Die Morgenbeichte wird zum Dokument der Krise. Eine zwanzigjährige,
längst morsche Ehe zerbricht, in die sublime Freundschaft zwischen Wagner und das Ehepaar Wesendonck kommt ein Riß.
Minna geht in ein Herzsanatorium.

Der »Brief in der Notenrolle«, der in der berühmten, 1904
erschienenen Wesendonck-Sammlung fehlt, ist ein Kernstück
des 1953 publizierten, sehr umfangreichen Bandes von
Wagner-Briefen (Richard-Wagner-Briefe 1835-1865, S. Fischer

»Tristan und Isolde«, 3. Akt, 1. Seite der Orchesterskizze

Verlag, Frankfurt). Minna Wagner, die ihn bis an ihr Lebensende verwahrte, hatte in datiert: 7. April 1858. Wagner schildert
ihn in »Mein Leben« als »Briefchen, in welchem ich ernst und
ruhig die damals mich beherrschende Stimmung mitteilte«.
Das ist ebenso unrichtig und klug beschönigend, wie wenn er
am 20. April der gutherzigen Schwester Cläre Wolfram nach
Chemnitz schreibt: »Unsere Resignation spielte auch hierin
das Thema.« Das Dokument ist weder ruhig noch resigniert,
aber es ist ein Liebesbrief von der höheren, idealisierenden

Art, die für die Beziehung zu Mathilde charakteristischer ist als für ihr schöpferisches Ventil, den »Tristan«. Übrigens war der Brief in Deutschland nicht unbekannt. 1930 hat ihn Julius Kapp mit einigen anderen Wagneriana in der Berliner Illustrierten Nachtausgabe veröffentlicht.

Was für ein exzessiver, unersättlicher Briefschreiber dieser Wagner gewesen ist! Seit 1883 hat fast jedes Jahrfünft neue Korrespondenzen ans Licht gebracht: mit Liszt, mit den Dresdener Freunden, mit den Wesendoncks, mit der Wiener Modistin Bertha Goldwag, schließlich als Nachzügler 1936 mit Ludwig II. und mit Judith Gautier. Der Schock, der von ihnen ausging, wiederholte sich jedesmal. Alles, was die Phantasie der Hasser und der Apologeten aufgeboten hatte, das Menschenbild Wagners zu schwärzen und zu glorifizieren, verblaßt neben der Realität. Aber keine der bisherigen Sammlungen hat eine so phantastische Entstehungsgeschichte wie die aus dem Jahre 1953. Mary Burrell, eine reiche englische Wagner-Prophetin, sammelte jahrzehntelang Material für ein objektive Biographie ihres Abgottes. Sie erwarb den Nachlaß Minna Wagners, einen Privatdruck von »Mein Leben«, die unretuschierten Abschriften der hochpolitischen Uhlig-Briefe und einiges dazu, insgesamt über 800 Dokumente. Ihre Biographie blieb in den Anfängen stecken, das Material aber wurde an Mary Curtis-Zimbalist nach Philadelphia verkauft. Als ich 1949 Efrem Zimbalist meinen Besuch in dem von ihm geleiteten Curtis Institute in Philadelphia machte, sagte er mir, bald werde die Welt ihr Wagner-Bild zu revidieren haben. Ein Jahr später erschien die Burrell-Sammlun in englischer Übersetzung, von John N. Burk herausgegeben. Seit 1953 liegt sie im originalen deutschen Wortlaut vor, mit dem Segen der Wagner-Erben.

Zimbalist hatte unrecht. Die neue Sammlung enthüllt in Wagners Wesen keinen neuen Zug. Wer »Mein Leben« gelesen und kritisch mit den alten Briefsammlungen verglichen hat, weiß Bescheid. Aber keiner der bisher bekannten Bände hat Licht und Schatten in Wagners Charakter so grell gespiegelt wie dieser. »Die Kunst der Überredung« könnte man das Kompendium nennen, und man hätte auch den Schlüssel zu Wagners schöpferischer Welt. Welch ungeheure, hinreißende Beredsamkeit in fast jeder Zeile dieser Episteln! Welche Technik des psychologischen Eingehens auf den Adressaten! Wel-

Minna Wagner –
Aquarell von Clementine Stockar-Escher

che selbstvergessene Hingabe an den einzigen Zweck, beim Partner Einwände zu ersticken, Hemmungen zu beseitigen, Bereitwilligkeit zu erzeugen!

Wer sind die Adressaten? Zunächst Minna, die leidenschaftlich geliebte Schauspielerin, Gattin und Gefährtin der furchtbaren Jahre in Königsberg, Riga, Paris. Ihr Bild, sorgend, verehrend, mißtrauisch, etwas subaltern, aber nicht unsympathisch, wird klar projiziert. Dann der Maler Ernst Benedikt Kietz, genial begabter Proträtist, aber zu lebensuntüchtig, um mit Wagner, der ihn zeitweise innig liebt, Schritt halten zu können. Der Tenor Joseph Tichatschek, der Regisseur Ferdinand Heine, Minnas voreheliche Tochter Natalie (der Mrs. Burrell den größten Teil der Dokumente abgekauft hat). Und viele andere.

Inhalt der Briefe? Der Alltag, mit Möbeln, Hund und Papagei. Das Werk. Die Sicherung des Lebens. Geld, Geld, Geld. Die Liebe. Geld und Liebe in vielfacher Verbindung. Freundschaft und Opfer. Wagner verlangt, daß, wer zu ihm hält, ihn unterstützt. An Ferdinand Heine schreibt er in Zürich vom 19. November 1849 in einem langen Brief: »Ich Unglücklicher verstehe kein Handwerk, um mir mein tägliches Brod zu verdienen: es muß mir ... gereicht werden, damit ich Künstler bleiben kann.« Folgt ein längerer taktischer Plan, wie ein Kommité von Freunden zu bilden sei, das ihn mit Geld versieht.

Noch radikaler in der Forderung ist ein Brief aus Zürich vom 28. April 1852, an den Geiger Theodor Uhlig in Dresden. Er handelt von einer Differenz mit der Familie Ritter, die ihm ein Jahresgeld ausgesetzt hat. Für irgend etwas sollten ihm 75 Thaler abgezogen werden. Über diesen »grausam pedantischen Zug« ist Wagner empört. »Ich fordere von Karl, daß er diese besondere Ausgabe mir decke ... ich dachte Karl einen Beweis meiner unverkühlten Wärme, meiner Achtung für ihn zu geben, als ich für dieses Opfer unbedingt auf ihn rechnete. Benähme er sich hierbei klein – so wäre es geradezu furchtbar.« Das ist der Ton, der unverkennbare: nicht jeder wird gewürdigt, den Genius zu finanzieren; man muß schon mit Wagner befreundet sein, um der Auszeichnung teilhaftig zu werden! Wer ist aber Karl?

Cosima Wagner hatte die Uhlig-Briefe vor der Herausgabe sorgsam gereinigt. Sie sind voll von politischen und persönlichen Äußerungen, die dem Geist Wahnfrieds ungemein kompromittierend erscheinen mußten. Der Anhang B des Briefbandes von 1953 stellt die Originalgestalt wieder her, d.h. er veröffentlicht die umfangreichen Stellen, die Cosima gestrichen hat. Wie sieht Wagner, der steckbrieflich wegen Teilnahme an der Revolution in Dresden im Mai 1849 gesuchte königliche Kapellmeister, die Führer des Umsturzes? »Kerle, die sich im politischen Schnapse besoffen und durch die Straßen brüllten« (S. 774). Und wie die politische Zukunft? »Mit völligster Besonnenheit und ohne allen Schwindel versichere ich Dir, daß ich an keine andere Revolution mehr glaube, als an die, die mit dem Niederbrande von Paris beginnt.« Mit Herwegh aber und Karl Ritter ist (am 17. Dezember 1851) ein »Entschluß gefaßt worden, der .... der Ausgangspunkt einer neuen Wendung in der Weltgeschichte werden kann.«

Karl, der in den Uhlig-Briefen immer wieder genannt wird (und dessen Namen Cosima fast überall ausmerzt), ist ein junger baltischer Dichter mit homosexuellen Neigungen, der Wagner in den ersten Exiljahren auf vielen Reisen, durch die Schweiz, nach Venedig usw., begleitet. Die Familie Ritter stand der jungen Weinhändlersfrau Jessie Laussot in Bordeaux nahe, mit der Wagner 1850 eine abenteuerliche Europaflucht in den Orient plante. Bis der Weinhändler von der Sache Wind bekam. Womit auch die Rente entfiel, die Wagner sich bei Jessies reicher Mutter gesichert hatte. Von der ganzen Sache erfuhr Minna; sie reiste Wagner nach, ohne ihn in Paris zu finden. Und nun muß man lesen, wie er sie umstimmen will, nachdem alles zusammengebrochen war. Dies ganze Jessie-Laussot-Kapitel ist psychologisch besonders lehrreich, wenn man es mit der so gänzlich anderen Darstellung in der Cosima diktierten Autobiographie »Mein Leben« vergleicht.

Wie Wagner die Dinge je nach dem Zweck beleuchtet, den er gerade anstrebt, dafür ein hübsches Beispiel. Den 6. Februar 1850 an Liszt: »Mein Domizil habe ich somit in Zürich genommen. Der Reiz des dortigen Aufenthaltes und die Vortrefflichkeit einiger Freunde, die ich daselbst gewonnen, bestimmten mich dazu.« Zwei Monate später, in dem Brief, der die Trennung der Ehe vorschlägt, an Minna: »Ich könnte nächsten Winter unbedingt *nicht* in Zürich zubringen, das Klima ist meiner nervösen Disposition durchaus schädlich.« Und wieder drei Monate danach, wie Jessie und Griechenland unerreichbar geworden sind, an Minna: »So möge es denn nur in der Nähe von Zürich sein, das mir der liebste Ort ist.«

Für die amerikanische Ausgabe der (unter Mitarbeit von Hugo Leichtentritt und Ernst Křenek) englisch übersetzten Dokumente hat Thomas Mann ein Vorwort geschrieben. Schade, daß es in der deutschen Ausgabe fehlt, man muß es in »Altes und Neues« nachlesen. Es stellt richtig fest, daß erst durch die Burrell-Sammlung die ganze Tiefe der Beziehung zwischen Wagner und Minna dokumentiert wird. Gerade in dieser Beziehung gibt es auf beiden Seiten viel Rührendes, menschlich Schönes. Sie zeigt den jungen, von echter Leidenschaft ergriffenen Wagner, leichtgläubig, jeder Illusion hingegeben bis zur niederschmetternden Enttäuschung, immer auf der Jagd nach Stellung, Geltung und Geld. Minna hat sich nicht leicht entschlossen, den unruhigen ungesicherten Musiker zu heiraten. Nach ein paar Monaten lief sie ihm weg. Aber

Wagners Wille war zäher als ihrer. Beide sind sich im Lauf der langen Ehe an Seitensprüngen nichts schuldig geblieben. Aber sie haben sich geliebt, wie nur Menschen sich lieben, die sich jung begegnen.

Bildet Minna das Leitmotiv, die idée fixe der ganzen Sammlung, so ist Cosima darin allgegenwärtig als ein Prinzip der bedenkenlosen Umfärbung und Tatsachenverschleierung.

Wagners vielwendiger, auf Totalität gerichteter Geist umfaßt auch im Spiegel dieser Dokumente ganze Welten: Theater, Musik, Dichtung, Politik und die Therapeutik der Kaltwasserkuren. Was aber fast völlig fehlt, sind Erlebnisse von Landschaft und bildender Kunst. Naturbeschreibungen gibt es in den Hunderten von Briefen so wenig wie eine Erwähnung der großen Architekturen, der Museen und Sammlungen in den besuchten Städten.

Richard und Cosima Wagner (1872)

Bayreuth anno Hitler

Richard Wagner

I.

»Wenn das Bayreuther Theater auf Kommando Wagners, lediglich für seine Werke, durch Privatsammlungen bestritten,
wirklich zustande kommt, wie es allen Anschein hat, so bildet
diese Tatsache allein eines der merkwürdigsten Ereignisse in
der gesamten Kunstgeschichte und nebenbei den größten
Erfolg, den ein Komponist jemals träumen konnte«, so schrieb
Anfang der siebziger Jahre Wagners gefährlichster Widersa-
cher, der Wiener Kritiker Eduard Hanslick. Käme heute ein genialer Mensch auf die Idee, sich zur Darstellung seiner Werke
von der Nation einen Kunsttempel zu wünschen, man würde
ihn vermutlich auslachen. Die Phantasten von 1933 werden
Sektierer oder wahnsinnig. Als Richard Wagner, der große Romantiker des 19. Jahrhunderts seine Festspielidee vorlegte,
fanden sich neben den Enthusiasten auch Lacher und Böswilli-
ge. Aber das Unvorstellbare trat ein, Hanslick hatte richtig prophezeit; Wagners fanatischer Wille setzte die Verwirklichung
durch; und im August 1876 konnten unter Beteiligung der gesamten Kulturwelt die ersten Vorstellungen des Nibelungen-
rings im notdürftig fertiggestellten Holzbau des Bayreuther
Festspielhauses stattfinden.

Es grenzt an Zauber, an Magie. Und doch ist es Wahrheit,
man kann es anfassen, es ist aus Holz und Backstein, sieben D-
Zug-Stunden von Berlin entfernt. Eine Unbegreiflichkeit wie
dieses ganze Wesen Richard Wagner, dieser Sozialist, der Völ-
kischen als Vorbild dient; dieser Theatermensch, der an die
göttlichsten Dinge glaubte; dieser Treulose und leichtfertige
Liebhaber, der im »Tristan« die höchsten Dinge über Liebe gesagt hat; dieser harte Arbeiter, der die weichsten Dinge liebte:
Plüsch, Daunen, Seide und Pelzwerk; dieser Vegetarier aus
Pantheismus, der mit Vorliebe Fleisch aß; dieser Verfasser
einer Broschüre gegen die Vivisektion, der seinen aufopfernd-
sten Freund Bülow einer seelischen Marter von unmenschli-
cher Grausamkeit unterwarf: dieser Olympier, der so gern
sächsische Witze erzählte: dieser Antisemit, der sein Bühnen-

weihfestspiel, den allerchristlichsten »Parsifal«, von Hermann Levi dirigieren ließ; dieser Freund des Volkes, der in Schlössern lebte und mit Fürsten befreundet war.

Indes, so merkwürdig ein solches Ereignis der Traumverwirklichung scheint, gemessen an den Erfolgen, mit denen andre dramatische Komponisten sich begnügen müssen, so folgerichtig krönt es den beispiellosen Werdegang Richard Wagners. Man muß sich vergegenwärtigen, was dieser Mann

Adolph von Menzel, Richard Wagner bei einer Probe in Bayreuth (1876)

Richard-Wagner-Theater, Modell 1 : 200 (1888)

für seine Zeitgenossen bedeutete, wie er nicht nur Musik und
Theater in der zweiten Hälfte des 19. Jahrhunderts beherrschte, sondern darüber hinaus die Literatur, die Philosophie und
sogar die Politik beeinflußte. Es gab kein Gebiet, auf dem
Wagner nicht mitzureden verstand; und diese einzigartige Stellung eines Musikers in seiner Zeit erklärt auch die Möglichkeit,
ein solches Theater zu schaffen und zum Wallfahrtsort für die
ganze intellektuelle Welt zu machen.

II.

Der Bayreuther Magnetismus wirkte sofort über die heimat-
lichen Grenzen hinaus. Albert Lavignac hat sich in seinem
Buch »Voyage artistique à Bayreuth« der Mühe unterzogen,
die Fremdenlisten der ersten Jahre nach Franzosen zu untersuchen. Wir finden in der Aufstellung die Komponisten d'Indy,
Saint-Saëns, Chausson, Delibes, Magnard, Massenet, Debussy, Chabrier, Ropartz, Schmitt, Charpentier, Samazeuilh, die
Schriftsteller Mendès, Bourget, Barrès, Louys, Lichtenberger,
Sar Peladan, Paléogue, die Politiker Clémenceau und Painle-
vé, den Bildhauer Rodin – und das sind nur die berühmtesten.

Unter diesen französischen Bayreuthpilgern ist Sar Peladan vielleicht die merkwürdigste und typischeste Erscheinung. Für seinen exzentrisch romantischen Geist bedeutete Wagner, bedeutete Bayreuth die intellektuelle und moralische Summe dessen, was der Schöpfer des Musikdramas sich an Wirkung auf seine Umwelt erträumen konnte. Um Bayreuth ganz zu begreifen, sollte man seinen Roman »Der Sieg des Gatten« lesen, dieses unmittelbar von den Festspielen 1880, von »Tristan« und »Parsifal« beeinflußte Buch, das zu den bizarrsten Eingebungen einer romantischen Phantasie gehört. Wie verbinden sich hier Erhabenheit und Kitsch, Transzendenz und sexualpathologischer Fiebertraum, Highlife und Rosenkreuzerei zu einem gespenstigen Makrokosmos! Adar und Izel, das liebenswürdige junge Ehepaar, das seine Flitterwochen während der Tristanpausen im Bürgerreuther Gehölz hinter dem Festspielhaus feiert, der Nürnberger Magier Sexthental, dessen Astralleib die schlafende Izel schändet, dieweil Adar nichtsahnend seinen leblosen Körper bewacht, sind das nicht die Traumgestalten einer an Wagner gesättigten Einbildungskraft?

Nirgends finde ich das Phänomen der Unterwerfung durch die verhängnisvolle Genialität Wagners unheimlicher und leibhaftiger dargelegt als bei Peladan. Und nirgends schärfer den Protest gegen solche Unterwerfung als in Bernard Shaws »The Perfect Wagnerite«. Dieser Shaw, der den Fluch des Nibelungenschatzes marxistisch kommentiert und dessen ganze Bayreuthkritik unter der Wagnerschen Devise »Das Kunstwerk der höchsten Bildungs-Periode kann nicht anders als im Bewußtsein produziert werden« zu stehen scheint, ist in seiner Art kein weniger begeisterter Wagner-Apostel als der Sar. Doch er wehrt sich gegen die Überrumpelung, er setzt dem Rausch des Wagner-Orchesters und dem Rausch der Bayreuther Gralshüter-Ideologien die ganze Skepsis des materialistisch aufgeklärten Intellektuellen entgegen. Nicht einmal Wagners Theorien nimmt er gläubig hin; er hört Rossinische Wendungen in der Ringpartitur, und das 7. Kapitel seines Buches, »Back to Opera again«, beweist Analogien zwischen dem dritten »Siegfried«-Akt und den ältesten Opernkonventionen, um schließlich die »Götterdämmerung« als eine typische Große Oper zu entlarven.

III.

Mit den Bayreuther Festspielen wollte Wagner einen kulturellen Sammelpunkt für die deutsche Nation schaffen. Die Erben haben es beinahe fertiggebracht, Festspiele für deutsche Nationalisten und ausländische Ästheten daraus zu machen. Allerdings war der Rahmen, der Wagner vorgeschwebt hatte, von Anfang an gesprengt. Bayreuth sollte eine Kulturstätte werden, zunächst beschränkt auf eine Gemeinde von Patronatsmitgliedern, die auf Grund eines geleisteten Beitrags zum Stiftungsfonds das Vorrecht hatten, an den Festaufführungen teilzunehmen. Es zeigte sich, daß Wagner einerseits die Zahl der deutschen Interessenten überschätzt, anderseits die Teilnahme des Auslandes unterschätzt hatte. Schon zu den ersten »Ring«-Aufführungen 1876 mußte er sich entschließen, den Kreis durch Abgabe einzelner Billetts zu erweitern. Nur

Winifred Wagner begrüßt Adolf Hitler in Bayreuth

wenige Jahre vergingen, da sah sich das Reisebüro Cook genötigt, eine Sonderabteilung für Bayreuth einzurichten.

Die unvorhergesehene Ausbreitung des ursprünglich national-demokratischen Bayreuther Gedankens ins Kosmopolitisch-Aristokratische gehört zu den bemerkenswertesten Eigenschaften der Festspiel-Realität. Auch heute noch, wahrscheinlich sogar in stärkerem Maße als früher, trägt die Besucherschaft (und mag es auch tausendmal von den Gralshütern bestritten werden) den Stempel des Internationalismus. Ja, in den Sommern 1914 bis 1924, als der Weltkrieg Deutschland von der Außenwelt abgeschnürt hatte, blieb das Festspielhaus geschlossen.

Es wäre falsch, diese Entwicklung leugnen oder etwa zurückschrauben zu wollen. Gerade für Bayreuth müßte die Durchführung der Autarkie-Bestrebungen auf künstlerischem Gebiet sich höchst verhängnisvoll auswirken. Denn in der Tat ist heute die internationale Geltung der Festspiele weit mehr gesichert als die innerdeutsche. Es genügt deshalb nicht, wie das so oft geschehen, mit einem patriotischen Vorurteil auf die Einzigartigkeit des Bayreuther Gedankens hinzuweisen. Wichtiger wäre es, wie vor fünf Jahren Bernhard Diebold in seinem »Fall Wagner« zum Entsetzen der Chauvinisten vorschlug, den demokratischen Geist in Wagners Werk an authentischer Stelle lebendig werden zu lassen. Auf diese Weise könnte der Barrikadenkämpfer von 1848 noch einmal zum Ausgangspunkt einer großen republikanischen Kunstbewegung werden. Aber es gibt zwei Hindernisse für die Umstellung der Bayreuth-Politik: die heutige deutsche Jugend und die »Bayreuther Blätter«.

IV.

Wenn es jetzt wieder so etwas wie ein Bayreuther Problem gibt, so liegt es in der Aufgabe, die Festspiele im Bewußtsein der deutschen Nachkriegsgeneration lebendig zu machen. Die geistig interessierte Jugend ist fast ausnahmslos in einem Vorurteil gegen Wagner aufgewachsen. Das war die unausbleibliche Folge des Wagner-Kults um die Jahrhundertwende. Heute wird beides revidiert, der Kult wie die Ablehnung.

Die »Bayreuther Blätter«, die Hans v. Wolzogen bald nach den ersten Festspielen gegründet hatte und noch heute leitet, trugen ursprünglich den Untertitel »Zeitschrift zur Verständigung über die Möglichkeiten einer deutschen Kultur«, später begnügte man sich mit der bescheidenen Affiche »Zeitschrift im Geiste Richard Wagners«. Diese Blätter, die angeblich nur in einer Auflage von 500 Stück gedruckt werden und heute kaum mehr Leser haben, gehören in Wahrheit zu den bemerkenswertesten Kulturdokumenten der neueren europäischen Geistesgeschichte. Ihr Niveau ist vielleicht das höchste, das je eine periodische Druckschrift in deutscher Sprache erreicht

Bayreuther Blätter.

Deutsche Zeitschrift

im Geiste

Richard Wagners

herausgegeben

von

Hans von Wolzogen.

(Mitteilungen des Verwaltungsrates der Bayreuther Bühnenfestspiele, der Rich. Wagner-Stipendien-Stiftung, der Deutschen Festspiel-Stiftung Bayreuth, des Allgemeinen Rich. Wagner-Vereines, des Rich. Wagner-Verbandes deutscher Frauen, des Bayreuther Bundes, der Rich. Wagner-Gesellschaft und des Bayreuther Bundes der deutschen Jugend.)

Dreiundfünfzigster Jahrgang 1930.

hat. Selbst heute nach dem Tode fast aller ihrer ursprünglichen Mitarbeiter, enthalten sie gelegentlich Beiträge von einer ganz ungewöhnlichen Kraft der Anschauung; ich denke etwa an Richard v. Schaukals Polemik gegen Thomas Mann, an manchen sprachkritischen Versuch Hans v. Wolzogens, dem auch Karl Kraus seine Anerkennung nicht versagen dürfte.

Diese Blätter aber, in deren alten Jahrgängen wir die Grundbegriffe der modernen nationalsozialistischen Philosophie, Politik und Kulturpolitik finden, nur auf ungleich höherem Niveau der Sprache und der Gedanken (man lese nur Heinrich v. Steins grundlegende Untersuchungen über die »Beziehungen der Sprache zum philosophischen Erkennen«), haben

130

durch die Einseitigkeit ihrer rassen-mythologischen Ausle-
gung des Wagner-Werks dem chauvinistischen Mißbrauch der
Wagnerschen Ideen die gedankliche Stütze geliefert. Wenn
heute Bayreuth unter dem Zeichen des Hakenkreuzes steht, so
haben wir das Hans v. Wolzogen und seiner Zeitschrift zu danken.

Die Jugend aber, und merkwürdigerweise auch die Hitler-
Jugend, steht Wagner ferner als je. Sie fühlt sich in seinem
Pathos nicht wohl, sie versteht seine Sprache kaum. Wie soll
man sie gewinnen?

V.

Bayreuth ist sich, ohne es offiziell einzugestehen, dieser
Problematik völlig bewußt. Siegfried Wagners Witwe Winifred, selbst ein junger Mensch, der durchaus nicht weltfremd
das große Erbe verwaltet, trägt die schwere Aufgabe, über kurz
oder lang auf diese Fragen eine Antwort zu geben. Die äußeren
Mittel, die ihr dabei zur Verfügung stehen, sind noch immer ge-
waltig. Denn der Festspielgedanke, so sehr er im Landschafts-
bild der modernen Kultur als erratischer Block wirkt, hat von
seinem ursprünglichen Gewicht nicht viel eingebüßt. Das
Haus selbst ist für Wagners Werk der ideale Theaterbau; seine
technischen Einrichtungen sind ständig verbessert und gerade
in diesem Jahre durch eine Reihe moderner Anlagen (Be-
leuchtung usw.) ergänzt worden. Es wird aber nötig sein, auf
die innere, die geistige disziplinierende Kraft dieser sommerli-
chen Festspiele aufmerksam zu machen. In der Unterordnung
unter einen kollektiven künstlerischen Gedanken, und mag er
noch so weit außerhalb der kulturellen Situation stehen, liegt
die eigentliche geistige Macht Bayreuths. Ob sie fortwirken
kann, über den begrenzten Horizont des dogmatischen
Wagnerianertums, das ist nicht nur die Schicksalsfrage Bayreuths. Vielleicht ist wirklich Kunst nur noch ein Rudiment frü-
herer Kultur, wie der Schwanzknochen am menschlichen Leibe.

Das tiefbewegte Herz

Giuseppe Verdi

Es gibt einen rührenden, wenig bekannten Brief an Verdi, in dem Hans v. Bülow bekennt, das Requiem habe ihm, dem so lange Irregeleiteten, für das Genie des Maestro den Sinn geöffnet. Es ist ein Brief der Selbstbezichtigung, der Abbitte für eigene Ungerechtigkeit. Verdi, der Sechzigjährige, antwortet mit der gelassenen Kürze und Ausgeglichenheit, die seinem Wesen entspricht. Er hat verziehen, weil nichts Menschliches ihm fremd ist.

Güte, Gelassenheit und verstehendes Menschentum sprechen aus fast jeder Zeile in Verdis Briefen, diesen Dokumenten

einer großartigen Synthese von Herz und Geist. Das größte Genie, das Italien im 19. Jahrhundert hervorgebracht hat, ist eine der reinsten Gestalten der abendländischen Kulturgeschichte. Der heißen Flamme einer Leidenschaft, die aus aller seiner Musik hervorbrennt, die noch seine schwächsten Partituren durchglüht, kommt die Lauterkeit eines großen Charakters gleich. Mit jedem Triumph, den er erlebt, wird Verdi stiller, bescheidener und kritischer gegen sich selbst. Wie ihn 1886 der junge Rompreisträger Claude Debussy besucht, empfohlen durch Arrigo Boito, findet er auf dem Landgut Sant' Agata einen alten, stillen, von seinen Nachbarn vergötterten Mann, der mehr über Agrikultur redet als über Musik.

Verdis Genie ist getragen von dem Geist des romantischen Nationalismus, der Italien in der nach-napoleonischen Zeit beherrscht und zu vereinen trachtet. So wird er, der Sohn des Kneipenwirts aus Le Roncole im Herzogtum Parma zum politischen Symbol, sein Name zum anagrammatischen Kampfruf V.E.R.D.I. – Vittorio Emanuele Re d'Italia. Aber die Politik fesselt ihn nur kurze Zeit, so sehr sein passioniertes Herz für die Sache des Risorgimento schlägt. Man macht ihn 1860 zum Abgeordneten; fünf Jahre später tritt er, der Freund Camillo Cavours und Alessandro Manzonis, zurück, und widerstrebend nur nimmt er die Wahl zum Senator an.

Man hat ihm den Weg zum Erfolg nicht leicht gemacht. Den Neunzehnjährigen (er ist 1813 geboren, im selben Jahr wie Richard Wagner, Friedrich Hebbel, Georg Büchner und Sören Kierkegaard) lehnt das Mailänder Konservatorium wegen falscher Handhaltung ab. Barezzi, ein Kaufmann aus Busseto, erkennt und fördert sein Genie, gibt ihm die Tochter Margherita zur Frau. Nach dem Anfangserfolg des »Oberto« fällt die Komödie »Un giorno di regno« in Mailand 1840 so gründlich durch, daß der Verzweifelnde, dem kurz vorher beide Kinder und die Frau gestorben waren, das Komponieren aufgeben will.

Mit dem »Nabucco«, Text von Temistocle Solera, wendet sich das Blatt. Man sieht in Verdi den Nachfolger Bellinis, Donizettis und Rossinis. Eine junge Sängerin, Giuseppina Strepponi, teilt als Abigail seinen Triumph und wird seine Lebensgefährtin. Ein Jahr darauf, 1843, gehen die »Lombardi« mit noch größerem Erfolg in Szene; das Stück wird als getarntes

Beginn des Liedes »Romanza prima«

Bekenntnis zu den italienischen Einigungstendenzen aufgefaßt.

Verdi begnügt sich nicht. Er will den neuen, den eigenen dramatischen Stil. Die großen Dramatiker weisen den Weg. So stellt er sich seine Libretti vor: »Kühn bis zum Äußersten, mit neuen Formen, und dabei komponibel«. Friedrich Schiller, William Shakespeare werden kritisch durchgearbeitet. Victor Hugos »Hernani« bringt ihm neuen Erfolg, aber auch einen Rechtsstreit mit dem auf Wahrung seines Autorenanteils bedachten Dichter, der schon Tantiemen für Donizettis »Lucrezia Borgia« erkämpft hatte.

Mit »Luisa Miller«, der dritten seiner Schilleropern (neben »Giovanna d'Arco« und den »Räubern«) beginnt 1849 die neue, von der Romantik zum Naturalismus vordringende Werkreihe; den Finanzertrag des genialen, »Kabale und Liebe« nachgestalteten Werks legt Verdi in dem Gut Sant' Agata an. Hier entstehen 1851 bis 1853 die drei Opern, die seinen Ruhm um die Welt tragen sollten und in denen seine Handschrift unverwechselbar wird: »Rigoletto« (nach »Le Roi s'amuse«, nun doch wieder von Hugo), »Il Trovatore« und »La Traviata« nach der »Kameliendame« von Alexandre Dumas Fils.

Der Stil dieser Werke setzt nur noch äußerlich die Sprache der Bellini und Donizetti fort. Bernard Shaw, der Wagner-Enthusiast, ironisiert den Hmtata-Rhythmus, das Gitarrenorchester, die Terzen- und Sextengänge der Ensembles und Chöre, die Arien in viertaktigen Schablonen ebenso wie die mitleidslose Anspannung der Stimmen an ihren Umfangsgrenzen. Eduard Hanslick in Wien rügt die Verdische »Mischung von Energie und Leidenschaft mit häßlicher Roheit«, wie er, seltsam genug für einen Brahms-Apostel, »Grazie und Leichtigkeit der Franzosen ihm unerreichbar« nennt. Die geniale dramatische Kraft, die in diesen Melodien wirkt, die Tiefe des psychologischen Blicks, die Fähigkeit, Charaktere und Situationen blitzartig zu zeichnen, die neue realistische Schönheit des hochgetriebenen, von belkantistischen Formeln fast befreiten Pathos blieben ihnen verborgen.

Mit der Dirnentragödie der »Traviata« beginnt der Verismo; Puccini ist ohne sie so undenkbar wie Mascagni, Leoncavallo, Bizet, Charpentier oder Franz Schreker. »Wenn ein Verdi«, so schreibt der »Carmen«-Komponist, »ein lebendiges, kraftvol-

Melchior Delfico porträtiert Verdi – Karikatur von Delfico

les Werk ganz aus Schmutz, Galle und Blut zusammensetzt, so sagen wir nicht kühl: Monsieur, das ist nicht vornehm!«

Doch alle Kunst der Nachfahren kann nicht ersetzen, was Verdis Musik in so außerordentlichem Maße ausdrückt: das tiefbewegte Herz. In jedem Takt dieser Partituren, und sei es nur der Walzer, der eine Agonie begleitet, spürt man dies Herz schlagen, reißt einen die Leidenschaft des Erlebnishaften in Höhen und Tiefen des Gefühls. Um dieses Herzens willen haben die Dichter Verdi geliebt, von Iwan Turgenjew, der in seiner Novelle »Helene« der Traviata huldigt, bis zu Franz Werfel, der in hymnischen Versen das Genie feiert, noch ehe seine freie Bearbeitung der »Macht des Schicksals« und sein berühmter Roman die Verdi-Renaissance im Deutschland der zwanziger Jahre einleiten.

Der »Traviata« folgt eine Serie von Meisterwerken, darunter »Simone Boccanegra«, »Maskenball«, »Macht des Schicksals« und, als letzte Oper nach Schiller, »Don Carlos«. Sie schließt mit der Auftragsarbeit für den Khedive von Ägypten, die zur Eröffnung des Suezkanals zu spät kam, der 1871 in Kairo uraufgeführten »Aida«.

Hatte Meyerbeers Deklamationspathos schon die dramatische Realistik der mittleren Schaffensperiode bereichert, so treten seit dem »Boccanegra« Wagnersche Züge, fermentierend und vertiefend zugleich, in Erscheinung. »Ein Wunderwerk, das ich anstaune«, meinte Verdi von der »Walküre«; und er bekennt demütig, wie klein ihm das eigene Werk daneben erscheine. Die Auseinandersetzung mit Wagner kulminiert in »Aida« (und wie unnachahmlich Verdisch ist dabei die Musik) und führte zur Krise. Fünfzehn Jahre lang schweigt der Opernkomponist Verdi. 1873 entsteht das herrliche e-Moll-Streichquartett, ein Jahr darauf, als Totengesang für den Freund Manzoni, das geniale Requiem, dessen »Libera me« schon früher, nach Rossinis Tod, komponiert war.

Dann stirbt Wagner; Verdi findet erschütternde Worte für den großen und bewunderten Antipoden. Als wäre ihm jetzt die Zunge gelöst, schreibt der 73jährige einen »Otello«, der Rossinis populäres gleichnamiges Werk zur Vergessenheit brachte, der fast 80jährige sein heiteres Meisterwerk »Falstaff« mit dem Schluß: »Alles ist Spaß auf Erden, der Mensch ein geborener Tor, und glauben wir weise zu werden, sind dümmer

Verdi dirigiert 1872 die Mailänder Erstaufführung von
»Aida« – Zeichnung von Marie Baldwine

wir als zuvor«. »Tutti gabbati!« damit schließt das dramatische
Schaffen des größten italienischen Musiktragikers. Die beiden
Spätwerke zeigen das Wunder eines völlig gewandelten Stils.
Kammermusikalische Verfeinerung, dramatisches Parlando,
symphonische Vertiefung der Orchestersprache deuten weit in
die Zukunft.

Ein letzter Schmerz war dem greisen Maestro noch vorbehalten. 1897 stirbt Giuseppina, die seit 1859 seine Frau war.
Verdis tiefe Frömmigkeit prägt die »Quattro Pezzi Sacri«, deren eines die Scala Enigmatica, eine zwischen den Tonalitäten
schwebende Reihe, anwendet. Unter tausend Ehrungen ist er
vereinsamt. Die letzte Krankheit befällt ihn in Mailand, der
Stadt seiner Schmerzen und Triumphe.

Vier Tage kämpft der alte Körper mit dem Tod, atmet der
mächtige Brustkasten. Am 27. Januar 1901, kurz vor drei Uhr

früh, ist es zu Ende. Ein ganzes Volk weint um den geliebten, beispiellos populären Mann. Er wird mit den gleichen Ehren beigesetzt wie 24 Jahre vorher sein Freund Manzoni.

Jahre nach seinem Tod entdeckt man, wieviel Not dieser Gütigste gelindert hatte. Sein Testament war ein Füllhorn von Schenkungen. Ein Altersheim für Musiker trägt seinen Namen, lebt ganz von seiner Stiftung. Das tiefbewegte Herz hat für alle Leidenden geschlagen. Es schlägt weiter in seinen Opern, in den unvergänglichen Arien des Schmerzes und der Lust, des Zornes, der Rache und der Verzweiflung, in dem Todesduett Aidas und Radames', in den Gesängen des Requiems und in den kichernden Szenen des »Falstaff«.

Ein Leben
in romantischen Visionen

Johannes Brahms

Bei der Entfesselung neuer aufbauender und zerstörender
Kräfte, die das neunzehnte Jahrhundert in Deutschlands gei-
stiges Leben trug, fiel der Musik eine entscheidende Aufgabe
zu. Ihr Bereich war es, auf dem sich diese Kräfte zu sammeln
schienen; denn nirgends war der Ansturm gegen überlieferte
Formen und Inhalte schonungsloser als hier. Die romantische
Schule hatte in der Dichtung herrlichste Früchte getragen, selten nur war die Vorherrschaft des Worts im deutschen Kultur-

Radierung von W. Rohr

raum so gesichert wie zu ihrer Zeit. Aus den verborgenen
Quellen, die solche Romantik aufdeckte, zog auch die Musik
neue, unbekannt-aufrührerische Kraft. Ja, es schien, als sei die
Unendlichkeit ihrer Formenwelt erst jetzt ganz zugänglich
gemacht, die Fessel ihrer Sprache erst durch den neuen Auf-
stand der Geister gesprengt worden. In der Volksmusik, im
Aufsuchen entlegener Stimmungsbezirke, vor allem aber in
der Verbindung mit dem Wort und den Formen des Wort-
kunstwerks fand in der ersten Hälfte des neunzehnten Jahrhunderts die Tonkunst neue Nahrung.

Schon die Wiener Klassik hatte in Beethovens letzten Werken und bei Franz Schubert romantischen Nachhall gezeigt;
eine großartige musikalische Überlieferung drohte nun ohne
eigentliche Fortsetzung zu bleiben. Gleichzeitig begann der
freiheitspendende, revolutionäre Einfluß des Dichterischen
zur Gefahr zu werden. Bei Robert Schumann, der stärksten
schöpferischen Begabung unter den romantischen Musikern,
hält die musikalische Gestaltung dem Poetischen noch das
Gleichgewicht. So sehr auch sein Schaffen unter dem Einfluß
der Literatur steht, bleibt doch die Verbindung mit den formalen Überlieferungen eines Jahrtausends abendländischer
Musik unverbrüchlich gewahrt. Neben ihm aber erhebt sich
der ungebärdige Wille einer jungen Generation von Musikern,
die den Sinn der Romantik weit umwälzender verstanden
haben. In Hector Berlioz, Franz Liszt und ihrem ständig
wachsenden Anhang gewinnt die Literatur Macht über die
Grundbegriffe musikalischen Schaffens, und die Theorie, die
aus diesem Kreise immer lauter und unerbittlicher verkündet
wird, bemächtigt sich langsam der öffentlichen Meinung. Diese Theorie behauptet, daß die rein musikalischen Formen
erschöpft seien, daß die Musik nur noch im Dienst der reden-
den Künste Sinn und Erneuerung suchen dürfe. So schuf man,
gestützt auf gewisse Erscheinungen der klassischen Epoche
(Josef Haydns »Schöpfung«, Beethovens »Pastorale« und die
Neunte Sinfonie) sowie auf die oft genialen Orchesterwerke
der Berlioz und Liszt, den Begriff der Programmusik, der alle
überlieferten Erkenntnisse entthronen sollte.

Wir betrachten diese Sachlage heute ohne die Erbitterung
des musikalischen Parteienstreits. Wir wissen, daß aus der
Ideenwelt der Programmusik eine so gewaltige Schöpfung wie

das Musikdrama Richard Wagners hervorgegangen ist, und in Richard Strauss' sinfonischen Dichtungen sehen wir eine schöpferische Erfüllung der »neudeutschen« Ideale, wie sie die romantischen Zukunftsmusiker um Berlioz und Liszt verkündet hatten. Aber damals, in einer Zeit, die über den Sirenenklängen der Romantik alle Bindung zur Vergangenheit zu opfern bereit war, wirkte in diesen Ideen, und vor allem in dem Ausschließlichkeitsanspruch, mit dem sie vorgetragen wurden, eine bedeutende Gefahr. Wir kennen sie aus vielen Krisenzeiten der Kulturgeschichte. Es ist die Gefahr der Entfremdung von allem quellenden Ursprünglichen, die Gefahr des Ikarus-Sturzes aus einem Flugtraum, der in lichtvolle Höhen zu führen scheint. Sie tritt stets ein, wenn ein neuer schöpferischer Gedanke auf die Spitze getrieben wird und mit seiner werbenden Kraft alles Überkommene für überholt und veraltet erklären möchte. Nur eines kann solche Gefahr bannen: die schaffende Persönlichkeit, die, fest im Boden der Überlieferung wurzelnd, unbeeinflußt vom Gebot des Tages ihren geistigen Willen der Epoche aufprägt.

Als Johannes Brahms am 7. Mai 1833 in einem ärmlichen Stübchen des Hamburger Gängeviertels geboren wurde, mochte man in seinem Elternhaus andere Sorgen haben als die um die Zukunft der deutschen Musik. Sein Vater Johann Jakob Brahms stand geistig auf niedrigerer Stufe als die Mutter, Christiane, eine geborene Nissen, die der siebzehn Jahre jüngere Gastwirtssohn 1830 trotz ihrer vierundvierzig Jahre impulsiv geheiratet hatte. Die Familie Brahms (oder Brahmst, wie noch der Vater sich gelegentlich schreibt) ist ein niederdeutsches Geschlecht von Handwerkern, dessen Wurzeln in Dithmarschen liegen dürfte. Vater Brahms war der erste dieser Familie, der sich leidenschaftlich zur Musik hingezogen fühlte. Sehr gegen den Willen der Eltern entzog er sich der häuslichen Ordnung in dem Städtchen Heide, um heimlich bei einem Stadtpfeifer alle möglichen Instrumente zu lernen. Als Flügelhornbläser, später auch als Kontrabassist, fristete er in Hamburg ein bescheidenes Leben. Zu einem höheren Grad der Kunstanschauung vermochte der weiche, leichtfertige Mann sich erst später unter dem Einfluß seines Sohnes zu erheben. Die phantasievollere Natur war fraglos Christiane, eine Frau von ungewöhnlicher Willens- und Gefühlskraft und angebo-

141

renem Sinn für alles Schöne. Von drei Kindern, die aus dieser Ehe hervorgingen, war Johannes das zweite. Vor ihm war eine Schwester, Elise, gekommen, nach ihm kam ein Bruder, Fritz, der ebenfalls Musiker wurde.

Bei Johannes hatte sich, wie fast bei allen großen Musikern, die künstlerische Begabung schon sehr früh gezeigt. Zum Kummer des Vaters, der einen zünftigen Musikanten seines Schlages aus ihm machen wollte, zog ihn das Klavier stärker an als die Orchesterinstrumente. Ein glücklicher Zufall brachte ihn zu einem Lehrer, der dem Jungen Liebe und persönliches Interesse weit über das gewöhnliche Maß hinaus schenkte und auch die Größe seiner Begabung rechtzeitig erkannte: zu Otto F. W. Cossel. Dieser Mann, ein Sonderling, aber einer der fähigsten Musiker im damaligen Hamburg, übernahm nicht nur die kostenlose Ausbildung, sondern stellte ihm auch ein Klavier zum Üben zur Verfügung, und schließlich lebte der kleine Brahms mehr im Hause des Lehrers als bei den Eltern.

Seine Fortschritte im Klavierspiel waren so erstaunlich, daß Cossel ihn nach einiger Zeit – Brahms zählte etwa zehn Jahre – an seinen eigenen Lehrer weitergab, den seinerzeit in Hamburg sehr berühmten Komponisten Eduard Marxsen. Auch dieser Umstand ist von Bedeutung, denn bei keinem Musiker seines Umkreises hätte der junge Brahms die feste Fundierung seines handwerklichen Könnens so ungehemmt empfangen können wie bei Marxsen. In seiner Lehre gab es kein Literarisieren, kein Schöngeistern auf Kosten der Formbeherrschung, kein eilfertiges Umgehen der Gesetze. Nach allen Regeln der Kunst wurde der Schüler in Harmonie und Kontrapunkt unterwiesen; an den Werken der besten alten Meister lernte er die Künste der Vielstimmigkeit, des strengen Satzes, der Variation und der Formenlehre. Ohne den Unterricht für seinen unermüdlichen Schüler trocken zu gestalten, beschränkte sich Marxsen auf eine klare, alle Disziplin der Satzkunst umfassende Handwerkslehre, indem er es verstand, auflösende und überlieferungsfeindliche Einflüsse der Umwelt von ihm fernzuhalten.

Hatte er Brahms anfangs übernommen, um einen Klaviervirtuosen aus ihm zu machen, so sah er sich bald genötigt, einem immer stärker hervortretenden Schaffenstrieb die Wege zu ebenen. In den neun Jahren, die Marxsens Lehre dauerte, hat sich Brahms mit allen Gebieten und Formen der Komposition auch schöpferisch vertraut gemacht. Kistenweise ließ er später aus der Wohnung seiner Eltern die Jugendwerke ausräumen, und nur das wenigste bestand vor seiner unerbittlichen Selbstkritik. Schon als Kind hatte er, nach einem gelegentlichen Bekenntnis, das sein Biograph Max Kalbeck zitiert, den ganzen Eichendorff und Heine vertont.

Nebenher entwickelte er sich zu seinem außergewöhnlichen Klavierspieler, der seit seinem zehnten Lebensjahre hie und da in Konzerten mitwirkte und sicher als Wunderkind in Amerika verdorben worden wäre, hätten nicht Cossel und Marxsen sich allen derartigen elterlichen Plänen energisch widersetzt. Was die Lehrer nicht hindern konnten, war die gewerbsmäßige Ausnutzung seiner Kunst in Schenken und auf Tanzböden, wo ihn der Vater häufig spielen ließ. In verrufenen Kneipen verdiente sich der Junge ein paar Taler; und bald ging ihm diese Arbeit derart mühelos von der Hand, daß er dabei Gedichte las, so den Grund legend zu einer Vertrautheit mit der deutschen Literatur, die alle Zeitgenossen an ihm bestaunt haben. Auch Bearbeitungen gangbarer Tänze für die kleine Kapelle des Vaters wurden ihm nun übertragen, so daß er bald die Errungenschaften seiner theoretischen Arbeiten in der Praxis anwenden lernte. Diese Verbindung mit volkstümlicher Musik kam einem Wesenszug seiner Begabung glücklich entgegen; sie schuf der zu Grübelei und Schwermütigkeit neigenden Natur den nötigen Ausgleich und beeinflußte sein Schaffen von den Anfängen bis zu den Werken der reifen Meisterschaft.

Unter den ungarischen Emigranten, die nach der Kossuth-Revolution 1849 Deutschland aufgesucht hatten und denen die Freie und Hansestadt Hamburg mit besonderer Gastfreundschaft ihre Häuser öffnete, war auch der begabte junge Geiger Eduard Rémenyi an die Alster gekommen. Brahms wurde bei einem öffentlichen Konzert sein Begleiter, und aus dem Zusammentreffen der so ungleichen Naturen entstand eine kurze, für den jungen Norddeutschen entscheidende Freundschaft. So wenig ihm die reißerische, leichtfertige Musikantenart des Partners bei klassischer Musik genügen konnte, so stark fesselte ihn die Welt der ungarischen und zigeunerischen Nationalmusik, die jener ihm enthüllte, sowie die

improvisatorische, jeder Stimmung folgende und nachgeben-
de Form ihre Vortrags. Die Liebe zu diesen Melodien hat
Brahms immer wieder mit ungarischen Künstlern verbunden;
sie sollte viel später (1880) auch in seinem Schaffen ein Denk-
mal finden: die berühmten, von ihm bearbeiteten »Ungarischen Tänze«.

1853 zogen die beiden Musiker auf eine Konzertreise durch
kleine norddeutsche Städte, vagabundenhaft umherstrei-
chend, ohne festes Programm und ohne eigentliche bestimmte
Reiseroute. Aber auf dieser Wanderschaft machte Rémenyi
Brahms mit zwei berühmten Landsleuten bekannt: in Hannover mit dem Geiger Joseph Joachim, bei dem er beglückendes
Verständnis für sein Schaffen fand, und in Weimar mit Franz
Liszt. Als dessen Gäste lebten die beiden einige Wochen auf
der prunkvoll eingerichteten Altenburg, und in dieser Zeit
mochte wohl Brahms sich auch ein wenig als Zukunftsmusiker
fühlen, als Freund der Richtung, die später in ihm den gefähr-
lichsten Antipoden fürchten lernte: der »neudeutschen Schule«. Trotz aller Liebenswürdigkeit, mit der Liszt ihn und seine
Werke aufnahm, trotz aller Sympathie für einige aus dem Weimarer Kreis, vor allem für den feinsinnigen Peter Cornelius,
blieb aber Brahms im Innersten unbefriedigt. Er reiste schließlich ohne Rémenyi weiter nach Göttingen, wohin Joachim ihn
eingeladen hatte. Nach zwei Monaten inniger, kunstbegeister-
ter Gemeinschaft, die den Grund zu einer lebenslangen Verbundenheit legte, trat Brahms die Rheinreise an, als deren Ziel
ihm insgeheim Düsseldorf vorschwebte.

Aus dem zarten, in Kindheitsjahren kränkelnden Jungen
war indessen ein Jüngling geworden. Mit seinen strahlenden
blauen Augen, den lang getragenen hellblonden Haaren wirkte er trotz knabenhafter Schmächtigkeit und einer merkwürdig
hohen, weichen Stimme als echter Norddeutscher. Bescheiden und still, dabei doch voll jener Sicherheit, die nur Meisterschaft verleiht, war Brahms von all dem weltlichen Getriebe,
das ihn umgab, ganz unberührt geblieben. Sein Geist lebte in
einem anderen Bereich, in romantischen Landschaften und
Visionen. »Kreisler junior« nannte sich der junge Komponist
auf den Titeln seiner Manuskripte, frei nach jener Novellen-
figur des geliebten E. T. A. Hoffmann.

So trat er, eingeführt durch Joachims Empfehlung, im

Zeichnung von J.-J. B. Laurens (1853), auf Wunsch von Robert Schumann angefertigt

Herbst 1853 in das Düsseldorfer Heim Robert und Clara Schumanns. Man nahm ihn auf wie einen lang Erwarteten, und das persönliche Gefallen, das beide an ihm fanden, steigerte sich zu Bewunderung und Liebe, als Brahms seine Kompositionen spielte. Schumann erkannte sofort die Genialität des Gastes in ihrer ganzen Tragweite, und wenige Wochen später ließ er in Brendels (einst von ihm gegründeter) »Neuen Zeitschrift für Musik« seinen letzten Aufsatz: »Neue Bahnen« erscheinen, der Brahms' Namen in die weiteste Öffentlichkeit trug. Nach vierwöchigem, beseligendem Aufenthalt verließ der so Ausgezeichnete Düsseldorf mit einer hingebenden Verehrung für das Künstlerpaar Schumann im Herzen. Auch zu des Meisters Musik hatte er ja erst jetzt den Zugang gefunden, und als dieser ein halbes Jahr später seiner tragischen geistigen Erkrankung verfiel, besaß Clara in Brahms einen unermüdlichen hilfreichen Freund fürs Leben.

Auf Schumanns dringenden Rat entschloß sich bald der Verlag Breitkopf und Härtel in Leipzig, einige Werke des jungen Hamburgers herauszugeben: die beiden Klaviersonaten op. 1 und 2, ein Heft Lieder und das Scherzo in es-Moll. Leipzig war zu jener Zeit Deutschlands wichtigste Musikstadt, und auch hier fand Brahms bei einem längeren Besuch Freundschaft und bewundernde Anerkennung.

Die nächsten Jahre sehen ihn viel auf Reisen. Er lebt fast ständig im Umkreise Clara Schumanns. Denn aus der verehrungsvollen Neigung, die er der großen Pianistin entgegenbrachte, ist rasch eine leidenschaftliche Liebe zu der schönen, geistvollen, wenn auch vierzehn Jahre älteren Frau geworden. Aus Karl Geiringers Biographie, die sich auf zahlreiche unveröffentlichte Briefe stützt, wissen wir, daß diese Liebe nicht unerwidert blieb. Auch im Hamburger Elternhaus des Freundes verkehrt die gefeierte Künstlerin. Wir dürfen vermuten, daß nach dem Tode Robert Schumanns im Jahre 1856, der beide bis ins Tiefste aufwühlt, der Gedanke einer ständigen Verbindung zwischen den Liebenden erwogen worden ist, und daß Brahms es war, der sich den Entschluß dazu nicht abringen konnte.

Kurz darauf nimmt er eine feste Anstellung als Klavierlehrer und Chormeister am Detmolder Fürstenhof an, die ihm neben auskömmlicher Bezahlung reichliche Urlaubsmonate sichert. Durch die praktische Verbindung mit Chor und Orchester wird er nun auch schöpferisch angeregt. Es entstehen die ersten wichtigen Werke für diese Besetzungen, eine Anzahl Chöre und die beiden Orchesterserenaden, Vorläufer der vier Sinfonien, deren Keime auch in diese Zeit zurückreichen. Das bedeutendste Werk jener Periode aber ist das d-Moll-Konzert für Klavier und Orchester, dessen Erscheinen in der Öffentlichkeit, vor allem in Leipzig, so viel Befremden auslöste.

Die Sommermonate des Jahres 1858 verbringt er in Göttingen, inmitten junger heiterer Menschen. Zum zweiten Mal liebt er und empfängt er Liebe. Agathe von Siebold, eine schöne, dunkelhaarige Professorentochter, nimmt sein junges Herz gefangen. Aber auch diesmal endet das Glück in schmerzlichem Verzicht. Brahms kann und will die Verantwortung einer Ehe nicht auf sich nehmen, sei es, weil ihm die bürgerlich gesicherte Stellung fehlt, sei es, weil er fürchtet, seiner schöpferischen Tätigkeit Opfer bringen zu müssen.

Nun endet auch das Detmolder Intermezzo. Brahms geht für einige Zeit in seine Vaterstadt, wo er festen Fuß zu fassen hofft. Zwei stille, der Komposition gewidmete, nur gelegentlich von Reisen (vor allem nach Düsseldorf) unterbrochene Jahre zeigen ihn auf einem ersten Höhepunkt seiner Schaffenskraft. Unzählige Lieder, bedeutende Kammermusik wie die Klavierquartette in g-Moll und A-Dur, das B-Dur-Sextett, Entwürfe zur Ersten Sinfonie, zum f-Moll-Quintett, zum Requiem und den Händel-Variationen sind die reiche Ernte dieser Hamburger Zeit. Nebenher fand er Gelegenheit, mit einem von ihm gegründeten Frauenchor zu musizieren.

Als Brahms im September 1862 ganz unerwartet nach Wien abreiste, geschah es in der Hoffnung, er werde von dort aus auf den frei gewordenen Posten eines Dirigenten der Hamburger Philharmonischen Konzerte berufen werden. Die vergangenen Jahre hatten ihm neben wechselnder Anerkennung zahlreiche Freundschaften und Beziehungen zu hervorragenden Personen gebracht. Zu Hector Berlioz, Anton Rubinstein und Eduard Hanslick war die Verbindung locker geblieben; doch echte Freundschaft fühlte er zu dem hervorragenden Sänger Julius Stockhausen, der bald der eifrigste Interpret seiner Lieder wurde, und zu Klaus Groth, dem er die Texte für einige der schönsten von diesen Liedern verdankte. Durch vielerlei äußere Umstände war der allem Parteienwesen so Abgeneigte zum Gegenpapst der »Neudeutschen« gestempelt worden. Die gleiche Brendelsche Zeitschrift, die Schumanns Fanfarenstoß veröffentlicht hatte, zeigte eine versteckt feindliche Haltung; sie war ja das Kampforgan der Lisztschule. Brahms tritt zum Überfluß all der heimlichen Gegnerschaft mit offenem Visier entgegen, indem er eine Erklärung mit unterzeichnet, die 1860 dem Ausschließlichkeitsanspruch der Zukunftsmusik Einhalt gebieten wollte, aber infolge ihrer ungeschickten Formulierung mehr Verwirrung als Klärung stiftete.

Nach Wien kam er mit der Bewunderung und ehrfürchtigen Neugier, die jeden Musiker vor der Stadt Haydns, Mozarts und Beethovens erfüllt. Es zog ihn aber auch aus anderen Gründen in diese Metropole, von der ihm Schumanns so viel vorgeschwärmt hatten. In Hamburg hatte er in einem reizvollen jungen Mädchen, Bertha Porubszky, der späteren Frau Faber, die Anmut des Wiener Volkscharakters und seiner Musik kennengelernt. Auch erhoffte er wohl ein Wiedersehen mit Luise Dustmann-Meyer, einer Sängerin der Wiener Hofoper, die ihm bei einem Musikfest in Köln durch ihre schöne Stimme und ihr liebenswürdiges Wesen nahegekommen war. Endlich mag die Neigung zu südlicher Heiterkeit, die Liebe zu österreichischer und ungarischer Volksmusik viel zu der Reise beigetragen haben.

Sie blieb nicht unerwidert. Wien nahm den norddeutschen Musiker mit offenen Armen auf. Brahms lernte in zahlreichen musikliebenden Häusern österreichische Gastlichkeit kennen. Vor allem aber schloß er sich dem Hofoperndirektor und Leiter der Philharmonischen Konzerte Otto Dessoff an, der, Norddeutscher wie er und dazu ein hervorragender Dirigent, sich für den Landsmann erwärmte und bald dessen A-Dur-Serenade in seine Programme aufnahm. Starkes Interesse fand Brahms ferner bei dem Geiger Josef Hellmesberger, dessen Quartett damals in Wien führende Bedeutung hatte. In seinen Konzerten kam Brahms erstmalig als Komponist und Klavierspieler zu Wort, und zwar mit dem g-Moll-Quartett. In selbstlos-geschäftiger Weise war endlich der Pianist Julius Epstein, einer seiner ältesten und anhänglichsten Bewunderer, um sein Fortkommen besorgt.

So wurde Brahms in Wien rasch bekannt. Mehr noch als den Schaffenden schätzte man vorerst den Interpreten, der in zwei eigenen Konzerten bleibende Eindrücke hinterließ. Nach Dessoffs Beispiel nahm auch Johann Herbeck in die Programme seiner »Gesellschaftskonzerte« eine der beiden Serenaden auf, die in der Öffentlichkeit günstiger beurteilt wurden als die sprödere Kammermusik.

Die Enttäuschung seiner Hoffnungen auf einen Hamburger Dirigentenposten, den statt seiner im März 1863 Julius Stockhausen bekam, mag Brahms innerlich noch mehr an Wien gebunden haben. So nimmt er die Chormeisterstellung an, die ihm die Wiener Singakademie bietet. Nun wird er zum Konkurrenten Herbecks, der den größeren und kapitalkräftigeren Singverein leitet. Nach anfänglichen Erfolgen erlebt Brahms als Chorleiter schwere Enttäuschungen, die ihn schon 1864 zum Rücktritt bestimmen. Doch auch dieses Jahr der Kämpfe bleibt nicht ohne Segen und Gunst; enger noch als bisher schließen sich Wiener Freunde wie der Musikhistoriker Gu-

stav Nottebohm und der Gesanglehrer Dr. Josef Gänsbacher
ihm an. Eduard Hanslick endlich, der mächtige Kritiker der
»Neuen Freien Presse« und berühmte Ästhetiker, tritt ihm
freundschaftlich nahe und wird sein eigentlicher kritischer Berater nach Schumann.

Die Bilder jener Epoche zeigen uns den dreißigjährigen
Meister, den Komponisten der ersten großen Variationenwer-
ke, der reifen Liedschöpfungen nach Platen und G. F. Daumer.
Der stille »Kreisler junior« ist zum Mann erwachsen. Selbstbewußtsein und Kraft sprechen aus dem ernsten Antlitz. Es ist
die Zeit, in der sich Brahms am meisten zum Getriebe der
»großen Welt« hingezogen fühlt. Der elegante Weltbürger und
Schopenhauerianer Carl Tausig, Klavierspieler von unerreich-
barer Geschmeidigkeit, gehört zu seinem intimen Umgang.
Die Sommermonate verbringt er in Baden-Baden inmitten des

mondänen Trubels, häufiger Gast nicht nur im Hause Clara Schumanns, sondern auch bei der Sängerin Pauline Viardot-Garcia, bei der Politikerin und wagnerhörigen Pianistin Marie von Muchanoff-Kalergi, bei Iwan Turgenjew, Rubinstein und gelegentlich sogar am grünen Tisch der Spielbank. Auch eine Wiener Leidenschaft muß er hier vergessen; Ottilie Hauer, die pikante junge Arzttochter, in die er sich wieder einmal auf dem Umweg über ihre schöne Stimme verliebt hatte, war die Braut Dr. Edward Ebners geworden.

In diesen Jahren trat ihm Hermann Levi, der spätere Leiter der Bayreuther »Parsifal«-Aufführungen, näher, der schon 1861 eigens von Rotterdam nach Hamburg gekommen war, um Brahms kennenzulernen. Brahms benutzt häufige Besuche bei ihm in Karlsruhe, um nach Herzenslust gute Opernaufführungen zu hören. Damals begann auch ihn die Bühne zu locken, und nur das Fehlen eines geeigneten Textes vereitelte immer wieder den Wunsch, eine Oper zu schreiben, die ihm in Form und Stil oft bis in die Einzelheiten vorgeschwebt hat. Neben Levi ist es Julius Allgeyer, der Kupferstecher und Biograph Anselm Feuerbachs, der ihn immer wieder zu Karlsruher Aufenthalten anregt.

Durch Cornelius, Tausig und Levi war er inzwischen auf Richard Wagner aufmerksam gemacht worden, der fast gleichzeitig mit ihm nach Wien gezogen war und in seiner seidengepolsterten Penzinger Villa an den »Meistersingern« arbeitete. Das Interesse der so wesensverschiedenen Künstler muß von beiden Seiten groß gewesen sein. Der Einfluß der »Tristan«-Klänge auf gewisse Brahmssche Werke jener Zeit, vor allem auf die »Rinaldo«-Kantate, ist offenbar. Wagner erfüllte sich den Wunsch, den jungen Norddeutschen kennenzulernen, den ihm so ergebenen Freunde nachdrücklich empfahlen. So kam es zu dem historischen Penzinger Abend im Februar 1864: vor Wagner und wenigen Gästen spielt Brahms Bachsche und eigene Musik, die Wagners bewundernde Anerkennung findet. Erst viel später wird in das neutrale Verhältnis der beiden durch übereifrige Herolde jene Bitterkeit getragen, die aus mancher Seite der »Gesammelten Schriften« klingt und die übrigens Brahms, der zwanzig Jahre Jüngere, stets von hoher Achtung vor Wagner Erfüllte, niemals erwidert hat.

All dieser vielfältige Umgang lenkt ihn nicht von seinen künstlerischen Aufgaben ab. In steter Arbeit, planmäßig und voller Selbstkritik, reiht Brahms Werk an Werk: neben Klavierstücken und Liedern das G-Dur-Sextett, die endgültige Fassung des f-Moll-Quintetts, das Horntrio in Es-Dur, die Cellosonate op. 38 und ein Heft vierhändige Walzer.

Dazwischen macht er, in kleinem Kreis und öffentlich, viel Kammermusik. Konzertreisen mit Joachim, Clara Schumann, Stockhausen und anderen führen durch Deutschland und die Schweiz. Hier findet er neue Freunde, den Dichter J. V. Widmann und den berühmten Chirurgen Theodor Billroth. Auch die Musiker Friedrich Hegar und Theodor Kirchner (durch den er später Gottfried Keller kennenlernt) treten in sein Gesichtsfeld.

1865 trifft ihn ein tiefer Schmerz: die Mutter, seit Jahren kränklich und hochbetagt, stirbt am 1. Februar. Damit ist die stärkste seelische Bindung an Hamburg zerrissen. Drei Jahre später enttäuscht die Vaterstadt seine Hoffnungen zum zweiten Mal, indem sie nach Stockhausens Rücktritt statt Brahms Julius von Bernuth an die Spitze der Philharmonischen Konzerte beruft.

Indessen reift die Arbeit, deren innerer Plan ihm beim Ordnen des Schumannschen Nachlasses schon 1856 eingegeben wurde und deren dunkle Sphäre zehn Jahre später der Tod der Mutter wieder beschwört. Das »Deutsche Requiem«, Brahms' größtes Vokalwerk und gleichsam eine Zusammenfassung seiner vielseitigen und in strengen Künsten erprobten Meisterschaft, bildet eine Fortsetzung der großen Linie deutsch-evangelischer Kirchenmusik. Das Erbe der Meister, auf denen Bach fußt, das Vermächtnis der nordischen Chor- und Orgelpolyphonie zu pflegen und mit den Erkenntnissen der Klassik und Romantik zu verbinden, hatte Brahms als hohes künstlerisches Ziel vorgeschwebt. In der weiten Form von sechs (später sieben) Sätzen für Chor, Orchester, Orgel und zwei Solostimmen, deren dichterisches Gerüst er sich selbst aus wunderbar abgestimmten Bibelworten baut, fand dieser Wunsch Erfüllung. Zwar trägt die Komposition, auch in der berühmten Orgelpunkt-Fuge auf D (3. Satz, »Der Gerechten Seelen«), alle Kennzeichen des Brahms-Stils und seiner fortgeschrittenen Harmonik, doch der religiöse Geist und das

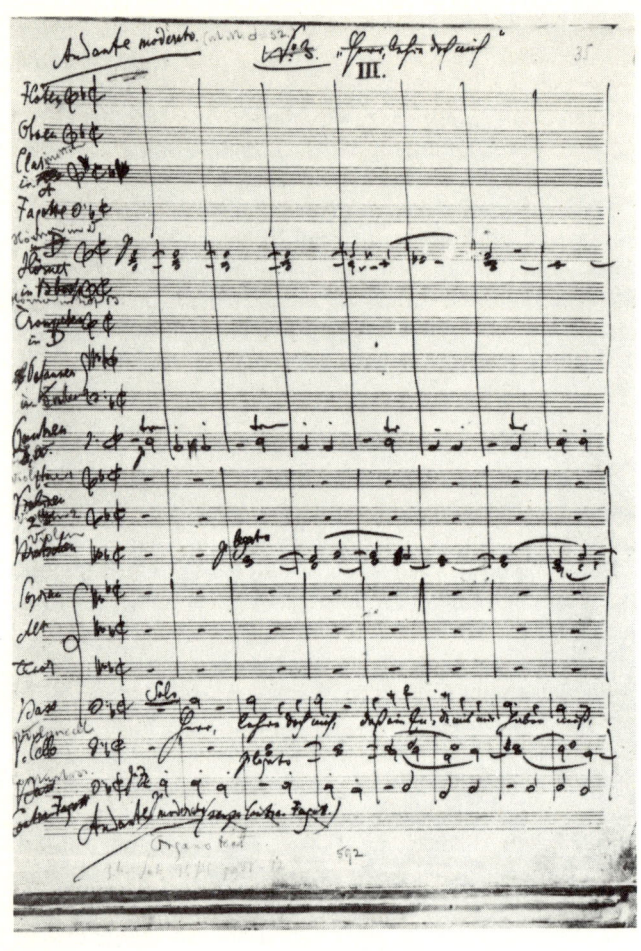

*»Ein deutsches Requiem«, 3. Satz: »Herr, lehre doch mich« –
erste Seite des Autographs mit Korrekturen von Brahms*

Formgewissen der altdeutschen Kirchenmusiker sprechen
deutlich aus jeder Einzelheit.

Die unzulängliche Uraufführung (ohne Orgel!) der drei
ersten Sätze in Wien unter Herbeck im Dezember 1867 fand
scharfen Widerspruch beim Publikum, das die Fuge mit Zi-

152

schen aufnahm. Nicht viel besser war das Echo in der Kritik, aus dem nur Hanslicks wohlwollende Besprechung sich abhob. Wenige Monate später fand die vollständige Wiedergabe der sechs Sätze im Bremer Dom unter Rheintaler so mächtige Zustimmung, daß sie kurz darauf wiederholt wurde. Nun erst entschloß sich Brahms, den jetzigen fünften Satz, das Sopransolo »Ihr habt nun Traurigkeit«, nachzukomponieren. Seither hat sich das Werk seine beherrschende Stellung im Repertoire der großen Chorvereinigungen errungen. Heute wissen wir, daß es zu den Höhenleistungen deutscher Vokalmusik gehört, ein Trauer- und Trostlied, dessen Eindringlichkeit um so größer ist, als es – bei aller protestantischen Strenge und Keuschheit seiner Haltung – keinem bestimmten Ritus untergeordnet ist und sich daher an religiös Empfindende aller Konfessionen wendet.

Brahms lebt nun viel auf Reisen. Wien tauscht er einen ganzen Winter lang gegen Karlsruhe, längere Zeit verbringt er in Zürich und Winterthur (bei dem Verleger Rieter), manche Sommerwochen wieder in Baden-Baden, wo er in enge Verbindung mit dem Maler Anselm Feuerbach tritt. Es fehlt nicht an Menschen und Anregungen, und auch bei den Konzertreisen, die ihn von Budapest bis Kopenhagen führen, findet er Anerkennung und Freundschaft. Noch einmal freilich zwingt ihn das Schicksal zum Verzicht: Julie Schumann, eine Tochter Claras, die er heimlich liebt, verlobt sich, nicht ahnend, wie schwer ihn die Nachricht trifft.

Aber schon jetzt tritt allmählich die äußere Lebensbahn gegen die innere zufück; ein merkwürdiger Zug, der Brahms' Biographie von der anderer Musiker seiner Zeit stark abhebt. Immer mehr beschränkt sich die weltliche Lebenshaltung auf das Notwendige, durch die Umstände Gebotene, ohne übrigens dabei zur Askese zu führen. Um so lebendiger gestaltet sich die produktive Tätigkeit, das »eigentliche Leben«. Die zahlreichen Werke, vorwiegend vokaler Art, wie die »Rhapsodie« aus Goethes Harzreise, die Lieder op. 46 bis 49, der »Rinaldo«, jene tristanisch gefärbte Kantate, endlich die »Liebeslieder« – all das gibt uns das Bild eines von Freuden und Leidenschaften heftig bewegten Innenlebens.

Zwei äußere Ereignisse prägen sich dem starken, männlichen Geist des fast Vierzigjährigen nachdrücklich ein: der

Krieg 1870/71, dessen Schicksale er als fanatischer Patriot verfolgt und dessen Entscheidungstag, Sedan, ihn zur raschen Niederschrift des hymnischen »Triumphliedes« begeistert. Ein Jahr danach stirbt ihm der Vater, der als Witwer noch einmal eheliches Glück bei einer ebenfalls verwitweten Holsteinerin, der achtzehn Jahre jüngeren Karoline Schnack, gefunden hatte. Mit rührender Sohnesliebe hat Brahms dem alternden Vater die letzten Lebensjahre verschönt, und auch der Stiefmutter sowie deren Sohn aus erster Ehe hielt er diese kindlich-hilfreiche Familientreue, die ihn über den geheimen Schmerz trösten sollte, selbst ledig geblieben zu sein. Denn eine seltsame Scheu, unerklärlich bei so viel Männlichkeit und Selbstbewußtsein, nur aus dem unvergleichlichen Verantwortungsgefühl zu verstehen, das Brahms auszeichnet, tritt immer wieder seinen Eheabsichten in den Weg. So bleibt dieser gütige, treue Mensch, Inbegriff edler Bürgerlichkeit und aufopfernden Familiensinns, ein bescheidener »möblierter Herr«, der noch als vermögender, weltberühmter Mann drei einfache Zimmer in der Wiener Karlsgasse bewohnt.

1872 wurde Brahms in die Leitung der Wiener Gesellschaft der Musikfreunde berufen, die er drei Jahre lang innehatte. Künstlerisch brachten ihm seine ernsten, aus klassischer und moderner Chor- und Orchestermusik gestalteten Programme große Erfolge, ohne daß es ihm gelang, als Dirigent die volle Gunst des Publikums zu finden. Um so mehr setzt sich nun in Wien seine Musik durch. Als Liederkomponist dringt Brahms immer mehr in die musikliebenden Häuser, denen er vielfach auch freundschaftlich verbunden ist. Billroth vor allem, der geniale, nun in Wien lebende Arzt, der dem geistesverwandten Musiker innig nahesteht, wird zum eifrigen Apostel seiner Werke.

In diese Jahre fällt, neben den zwei Streichquartetten op. 51, die Komposition eines bedeutenden Orchesterwerks: der bald so berühmten Haydn-Variationen op. 56. Die Variation war von Jugend auf Brahms' meisterlich beherrschte Domäne. Themen von Schumann (op. 9 und 23), Händel (op. 24), Paganini (op. 35) und anderen hatten ihn seine großartige Kunst der Abwandlung entwickeln gelehrt. Auf diesem Gebiet ist Brahms ein wahrhafter Neuerer; indem er älteste vorklassische Methoden (Chaconne, Passacaglia) mit den Künsten der

Beethovenschen und der romantischen Variation verbindet, rhythmische und harmonische Kühnheiten den strengsten Disziplinen der kontrapunktischen Musik dienstbar macht, stößt er in kompositorisches Neuland vor, auf dessen Boden ihm bis in die jüngste Zeit nur wenige, etwa Max Reger, zu folgen vermochten.

Die Haydn-Variationen aber, ursprünglich für Klavier geschrieben, haben noch eine tiefere Bedeutung, da sie die Schlüsselstellung zu Brahms' symphonischem Werk einnehmen. Der ungeteilte Erfolg, den ihre Orchesterfassung bei allen Aufführungen fand, mag den Komponisten nicht wenig in seinen Symphonieplänen bestärkt haben. Schon seit vielen Jahren nämlich lagen fertige Entwürfe, ja ganze Sätze einer Symphonie in seinem Schreibtisch. Daß er immer gezögert hat, mit diesen Arbeiten hervorzutreten, hat vielleicht seinen Grund in der allzu verpflichtenden Wendung des Schumannschen Begrüßungsartikels von 1853: »Wenn er seinen Zauberstab dahin senken wird, wo ihm die Mächte der Massen, in Chor und Orchester, ihre Kräfte leihen, so stehen uns noch wunderbare Blicke in die Geisterwelt bevor. Möchte ihn der höchste Genius dazu stärken...« Endlich aber, 1876, fiel die Hemmung, und mit der beendeten c-Moll-Symphonie stellt der Schöpfer des »Deutschen Requiems« sich als wahrhafter Erbe Beethovens vor. Das schwere, ernste Werk versagt sich jeder oberflächlichen Annäherung auch heute; zu seiner Zeit konnten nur wenige sich mit ihm befreunden. Zu diesen aber gehörte Hans von Bülow, der nun ein begeisterter Vorkämpfer Brahmsscher Kunst wurde, ohne dabei Wagner die Treue zu brechen.

Schon das nächste Jahr, 1877, gibt die Fortsetzung des symphonischen Schaffens; in einem einzigen Sommer schreibt Brahms die D-Dur-Symphonie, dieses heitere, liebliche Werk, das sofort gefiel. Auch in der Produktion der nächsten Jahre und Jahrzehnte nehmen die Orchesterwerke einen breiten Raum ein: 1879 wird das Violinkonzert op. 77 beendet, wie die Erste Symphonie eine Arbeit von schwer zugänglicher geistiger Höhe. Lebensvoller und heiterer zeigt sich das große B-Dur-Klavierkonzert, das, 1882 abgeschlossen, von Budapest, Meiningen, Stuttgart aus durch den Komponisten selbst zum Erfolg geführt wird.

Nun nähert sich Brahms den Fünfzigern. Sein Ruhm hat längst die Welt erobert. Seit 1874 ist er Ritter des Bayerischen Maximiliansordens und Mitglied der Preußischen Akademie der Künste. Nach Cambridge hat Breslau 1879 den »artis musicae severioris in Germania nunc princeps« (ersten lebenden Meister strengerer Musik in Deutschland) zum Doktor ernannt; zum Dank schreibt und widmet er der Philosophischen Fakultät die launige »Akademische Festouvertüre«. In Wien ist er vollkommen heimisch. Von allen Reisen, die ihn nun oft in geliebte Landschaften (Italien, Schweiz, Semmering, Ischl, Pörtschach) führen, kehrt er immer neu entzückt in die Kaiserstadt und ihre schöne Umgebung zurück. Man sieht ihn täglich, etwas nachlässig gekleidet, aus seinem bescheidenen Heim in das Gasthaus zum »Roten Igel« gehen, wo er mit Freunden das Mittagessen einnimmt und auch viele Abendstunden beim Wein verbringt. Er hat manche Absonderlich-

Brahms auf dem Weg zum »Roten Igel« –
Silhouette von Otto Boehler

keit. Die Haushälterin, Cölestine Truxa, weiß ein Lied davon zu singen. Unter die Schränke wirft er Zigarrenreste, auf den Möbeln läßt er Geld, um Reinlichkeit und Ehrlichkeit seiner Bedienung zu prüfen. Seine Hosen zieht er bis zu den Knöcheln hinauf, und als man den Schneider beredet hat, sie immer länger zu machen, nimmt er schließlich die Papierschere und schneidet sie ab. Auch im Umgang mit Menschen ist er schwierig. Ein unvorsichtiges Wort, vor allem aus Schmeichlermund, kann ihn verstimmen. Berühmt ist seine Grobheit, geflügelt das Abschiedswort: »Sollte jemand hier sein, den ich nicht beleidigt habe, so bitte ich das zu verzeihen«, noch kennzeichnender aber die Bemerkung, mit der er einen jungen, schwadronierenden Geiger vernichtet: »Mehr Fingerübungen, junger Mann, und weniger Phrasen!« Über sein Werk und sein Innenleben zu reden, wird ihm immer unmöglicher. Aus dem hellen Knabenorgan ist eine starke, trockene Männerstimme geworden, die nur das Nötige sagt, zwischen zwei Zügen aus der unentbehrlichen Zigarre, oft in seltsam verklausulierter Form, gern in einem Witz den eigenen Ernst verhüllend. Wie Händel, den er verehrt, ist auch Brahms insgeheim von rührender Gutherzigkeit. Er hilft, wo er es nur für angebracht hält, oft anonym, manchmal mit beispielloser Großzügigkeit enorme Summen verschenkend. Anton Dvorak, dem jungen böhmischen Musiker, den er als Berater eines Stipendien-Ausschusses unablässig fördert, verschafft er nicht nur Verlag seiner Werke bei Simrock, er liest ihm auch Korrekturen und bietet ihm wiederholt sein Vermögen zu beliebigem Gebrauch. Dabei ist er ein guter Kaufmann, der für seine Arbeiten bedeutende Honorare erreicht. Zum engeren Freundeskreis sind nun noch Bülow und der Walzerkönig Johann Strauß hinzugekommen. Später schließt sich der Alternde besonders der Familie des Fabrikanten Dr. Fellinger an, dessen musikliebendes Haus ihm bis in die letzten Lebenstage offensteht. Seit den achtziger Jahren hat sich auch Brahms' äußere Erscheinung verändert; er trägt nun jenen kräftigen Vollbart, der ihm den väterlich-gütigen Ausdruck gibt, und so hat gerade Frau Dr. Fellinger in zahlreichen prachtvoll lebendigen Fotografien sein Bild festgehalten.

Mit seinem Ruhm ist die Erbitterung der Gegner gewachsen. Man sieht in ihm den Feind Wagners, besonders seit dieser in den »Bayreuther Blättern« die Kampagne gegen den »hölzernen Johannes« eröffnet hat. In Wien beginnt man Anton Bruckner gegen ihn auszuspielen, und der geniale Liederkomponist Hugo Wolf überschüttet Brahms mit gehässigen Kritiken im »Salonblatt«. Um all das kümmert sich der Getroffene kaum. Seine Achtung vor Wagners Kunst ist unerschütterlich, und nach dem Tod des Meisters schickt er einen Kranz nach Bayreuth.

In seiner Wohnung häuft er an, was seine wenigen Liebhabereien ihm zutragen: Handschriften berühmter Musiker (eine Anzahl Schubertscher ist darunter), viele Noten, sehr viele Bücher. Die Lyrik fast der gesamten Weltliteratur ist reich vertreten; denn stets sucht er nach neuen Gedichten, um immer wieder zu seinen Lieblingen zurückzukehren, zu Goethe, Eichendorff, Klaus Groth und zu Daumer, den er berühmt macht. Daneben aber liegen historische, philosophische, politische Bücher, Bismarcks von ihm vergötterte Reden, moderne Romane bis zu Zola, die Mappen Max Klingerscher Radierungen, von denen er so viele angeregt hat.

Wieder entstehen, 1883 und 1884, zwei Symphonien hintereinander. Die Dritte in F-Dur, heroische Charakters und dennoch unendlich zart, vor allem in den Mittelsätzen, wird bei einem Besuch in Wiesbaden vollendet. Man vermutet, daß Brahms in ihr die Skizzen zu einer Faust-Musik verarbeitet hat. Schon die Uraufführung in Wien unter Hans Richter war ein glänzender Erfolg, dem sich weitere anschließen, so daß das Werk fortan zu seinen populärsten gehört.

Dunkler war das Schicksal der Vierten, die seine letzte bleiben sollte. Selbst Freunden wie Clara Schumann und dem Ehepaar Herzogenberg war ihr Geist und ihr Aufbau, etwa die Chaconne, die die Stelle des Finales einnimmt, fremd. Bülow ist es, der am Brahmsbegeisterten Meininger Hof die Uraufführung leitet, aber ihr freundlicher Erfolg will sich nicht wiederholen. Erst spät hat die Welt in dem Werk die Krönung Brahmsschen Orchesterschaffens erkannt und gerade die Schlußchaconne als Meisterstück seiner Variationenkunst lieben gelernt.

Von hier an datieren wir den Stil des »späten Brahms«, der reifen Alterswerke. Die Violinsonaten in D und A, das Doppelkonzert für Violine, Cello und Orchester, die einzigartigen Kla-

Max Klinger, Die Entführung des Prometheus –
Radierung aus der Folge »Brahms-Phantasie«

rinett-Kompositionen (Trio op. 114, Quintett op. 115 und zwei
Sonaten, sämtlich durch den Meininger Kammermusiker
Mühlfeld angeregt), dazu eine Reihe meisterhafter, von
Herbstklang getragener Klavierstücke und Lieder sind seine
wichtigsten Denkmale. In Formen von beispielloser Prägnanz
ergießt sich hier die Brahmssche Tonsprache mit ihren historischen Eigentümlichkeiten. Im Gegensatz zu den Neudeutschen, die von der Tonart fort zur Chromatik streben, findet er,
ebenfalls von Dur und Moll fort, zurück zu den alten Kirchentönen. Aus den geheimsten Wendungen des Themas, das
beim ersten Auftreten oft unscheinbar wirkt, entwickelt sich
eine pflanzenhafte Mannigfaltigkeit des Wachsens und Ver-
ästelns. Durch rhythmische Verschiebung und Synkope wird
der Fluß des Geschehens lebendig erhalten. Vollgriffige Harmonik und kontrapunktische Anschauung verbinden sich zu
einer Dichte des Stimmgewebes, bei dem auch die verborgen-
ste Mittelstimme kritischer Betrachtung standhält. Hierin und
in der zwanglosen Einführung kanonischer und fugaler Mittel
erhebt sich Brahms zu beispielloser Vollkommenheit des
Handwerklichen.

Diese Neigung zu immer größerer Vervollkommnung und
Atomisierung der Kunstfertigkeit, eine echt deutsche Musi-

kerneigung, findet ihr Gegengewicht in tiefer Liebe zu allem Volkstümlichen. Immer wieder, wie schon im Andante der Sonate op. 1, greift Brahms auf die unversiegliche Quelle des Volkslieds zurück, der er auch die Texte zu mehr als fünfzig eigenen Melodien verdankt. Die »Siebenmal sieben Volksweisen«, die er gesammelt und mit wunderbarer Einfühlung harmonisiert und für Klavier gesetzt hat, bezeugen seine tiefe Verbundenheit mit dem Heimatboden. Erst 1894 läßt er sie erscheinen, nicht ohne polemische Absicht gegen die damals von Böhme neu aufgelegten »philiströsen« Volksliederbücher von Erk.

Die letzten zehn Jahre vergehen in ruhigem Wandel eines arbeitsreichen, von Erfolg und Freundschaft verklärten Lebens. Bülow verbreitet mit dem Meininger Orchester durch herrliche Aufführungen seinen Ruhm und die Devise »Bach, Beethoven und Brahms«. Die schönen Sängerinnen Hermine Spies und Alice Barbi, denen noch einmal sein liebebedürftiges Herz zufliegt, feiern Triumphe als Interpretinnen seiner Lieder. 1886 empfängt er den Orden pour le mérite als höchste preußische Ehrung, drei Jahre später huldigt ihm, etwas spät, die Vaterstadt Hamburg mit dem Ehrenbürgerbrief. Der gemeinsame Besitz des Pour le mérite führt ihn mit Adolf Menzel zusammen, der in dem Jüngeren viel Verwandtes entdeckt und nun halbe Tage mit ihm verbringt, schlemmend, trinkend und begeistert über die Hohenzollern redend.

Mit lebendigstem Interesse verfolgt der bald Sechzigjährige alle neuen Strömungen in Kunst und Wissenschaft. Die modernen Erfindungen fesseln ihn; lange beschäftigt er sich mit Edisons Phonographen, und beglückt nimmt er von Fellingers die Elektrifizierung der Lampen in seiner Wohnung als Geschenk an. Auch die Strömungen der jungen nordischen Kunst wecken seine Anteilnahme. Gerade er, von den Neudeutschen als Reaktionär verpönt, begleitet seit 1889 den Aufstieg des Naturalismus Ibsens und Hauptmanns, denen sich der fortschrittliche Bayreuther Kreis verschließt. Auch die Anfänge Richard Strauss', Max Regers und vor allem Ferruccio Busonis überblickt und fördert er.

Um die Sechzig verliert er zwei seiner nächsten Freunde. 1894 stirbt Hans von Bülow, bald darauf Theodor Billroth. Nur wenige aus dem alten Kreis sind noch um ihn. Von Joachim hat ihn vieles, nicht zuletzt dessen ungerechtes Verhalten gegen seine Frau, entfremdet; die Freundschaft zu Clara Schumann hat schwere Erschütterungen durchgemacht. Doch findet er zu ihr zurück, und so trifft ihn 1896 ihr Tod als harter Schlag. Fast zur gleichen Zeit beendet er sein letztes Vokalwerk, die »Vier ernsten Gesänge«.

Dann beginnt die Krankheit. Von einer Karlsbader Kur hat er keine Besserung seines Zustandes mitgebracht. Die Freunde erkennen ihn kaum, so sehr sind Haltung, Gesichtsfarbe, Wesen verändert. Zum Schaffen fehlt alle Kraft. Noch erlebt er seinen letzten Triumph mit der begeisterten Aufnahme seiner Vierten in Wien. Die treuesten Freunde sind aufopfernd um ihn bemüht: Fellingers, Fabers, Miller-Aichholz', Mandyczewsky, Pohl und die Haushälterin Truxa. Aber Brahms ist

Brahms am Flügel im Bösendorfersaal
des Palais Lichtenstein in Wien (um 1895)

nicht zu retten. Das Leiden, nicht Gelbsucht, wie er vermutet, sondern Leberkrebs, vom Vater ererbt, macht rasche Fortschritte. Ende März 1897 legt sich der Todkranke hin, am 3. April schließt er die Augen.

Sein Werk aber bleibt. Mag immer sein Wesen manchem als pessimistisch, vergrübelt, negativ und lichtarm gelten, dies Werk ist die mächtige, eindrucksvolle Arbeitsleistung eines Mannes, der gesandt war, die Urformen zu erhalten, indem er sie verjüngte. In einer Zeit, die durch Übersteigerung des Ausdrucks die Eigenkräfte der Musik unterdrückte, schuf er eine keusche, zurückhaltende, nur im Wachstum innerster Form- und Seelentriebe begreifbare Kunst. Der überragenden Idee des Wagnerschen Musikdramas setzte er die klassische, in sich selbst ruhende Welt seiner Symphonik, seiner Variation, seiner Kammermusik entgegen. Aus der Arena hat er die Musik ins Haus zurückgeleitet. Das Lied der deutschen Romantik wußte er als einziger neben Hugo Wolf weiterzuentwickeln, der Klavierstil verdankt ihm entscheidende Neuerungen und Werke größten Formats. In der Chormusik endlich zieht er die Linie der deutschen Klassik und Vorklassik beispielhaft weiter.

So ist dieser große Niederdeutsche in seiner Musik ein Geist der Erhaltung, der reinen Kunstliebe und des kulturellen Gewissens, im Leben ein Beispiel edler Selbstzucht, gütiger Männlichkeit, selbstloser Freundschaft, als Persönlichkeit Urbild eines Meistertums, vor dem sich die Nachwelt in Dank und Ehrfurcht beugt.

Radierung von Emil Orlik   A. Bruckner.

Symphonische Riesenschlangen

Anton Bruckner

Bruckners Schaffen zeigt zwiespältiges Gesicht. So sehr sich
die Hauptwerke, seine neun (mit den beiden Vorläuferinnen
sogar elf) Riesensymphonien gleichen, blicken sie doch, dem
Janus gleich, in zwei Richtungen. Bruckner hat sich der Faszi-
nation durch Richard Wagner nie entziehen können; sie prägt
seine Musik bis zur Spiegelung, zur Themenkopie, zur Imita-
tion des Orchesterklanges. Von Wagner und Franz Liszt über-
nimmt er auch die »neudeutsche« Ästhetik, Musik solle schildern statt aus ihren eigenen Gesetzen zu wachsen.

Neben solchem romantischen Pragmatismus aber lebt in
Bruckner der Hang zum Absoluten, zur formalen Vollendung,
zur Erfüllung der klassischen Komponiergesetze. Er wählte in

Simon Sechter den strengsten Lehrmeister des Zeitalters, war unermüdlich in der Fugenarbeit, trieb den Kontrapunkt als eine heilige Handlung. Ja, er strebte wie ein ehrgeiziger Schüler nach Zeugnissen, nach Zensuren, die ihm Arbeit und Fleiß bestätigten. So wurden seine Kompositionen, gleichsam hinter der romantisch schimmernden Wagner-Fassade, Dokumente einer Altermeisterlichkeit, die im ganzen 19. Jahrhundert ihresgleichen nicht findet, es sei denn bei César Franck.

Die akute Gemütserkrankung Bruckners 1867 erklärte später die Psychiatrie als Erschöpfung der seelischen Kräfte bei der Auseinandersetzung mit der Umgebung. Während der Kaltwasserkur in Bad Kreuzen floh der Heilung suchende Komponist vor dem Spiel böhmischer Musikanten »und kletterte in einer bis dahin unzugänglichen Schlucht auf einen Baum, auf dem er erstarrt sitzen blieb, bis man ihm mit Leitern und Seilen herunterließ.«

Richard Wagner und Anton Bruckner –
Scherenschnitt von Otto Boehler

Auch Zwangssymptome hat Bruckner gezeigt. Er zählte Perlen am Kleid einer Frau, Scheite in einem Holzstoß, Pflastersteine auf der Straße, Fensterfronten einer Großstadt, die Sterne am Himmel, die eigenen Gebete, die Blätter eines Baumes. Die Psychiatrie sucht zu erklären, daß Bruckner seine Neurosen und Psychosen »brauchte«, um den schöpferischen Höhenflug seiner Spätwerke nach 1867 zu erreichen.

Die innere Paradoxie Brucknerschen Geistes will es, daß er als Vertreter des »modernen« Prinzips, des neudeutschen Klang-Naturalismus, altmodisch wirkt, während er in der Domäne des Althergebrachten völlig Neues produziert. Gewiß folgen seine Sonatensätze der klassischen Regel; sie erweitern sie aber zugleich. Bruckner war es, der zum Hauptthema und Seitenthema – als klassischer Antithese des symphonischen Stils – einen dritten Gedanken fügte. Damit führte er der erschöpft geglaubten Form ganz neue Impulse zu. Durch Mahler und Schönberg, ähnlich durch Schostakowitsch, wurde dieses Prinzip dann nochmals und oft bis zum Unbegrenzten erweitert.

Wir empfinden heute die Zwiespältigkeit seiner Musik stärker als die Generation vor uns. Gefesselt und bisweilen hingerissen von überirdischer Schönheit der Details, kaum noch sehr berührt von der ehemals so leidenschaftlich umstrittenen Frage der Urfassungen und der Bearbeitungen durch Franz Schalk und Ferdinand Loewe, haben wir Bedenken gegen die objektive Notwendigkeit der gewaltigen Formen, der »symphonischen Riesenschlangen«, wie sein Antipode Johannes Brahms spottete. Wir sind auch skeptisch gegen manche Wirkungen dieser Musik, die offenbar mehr aus dem Pathos der Sinnlichkeit stammen als aus den großartigen kompositionellen Werten. Alles, was bei Bruckner auf der Seite des Triumphalen liegt und was ihn zum erwählten Musiker Adolf Hitlers machte, möchten wir eingeschränkt wissen. Selbst die Landschafts-Panoramen seiner Scherzi enthalten oft des dekorativen Prunkes zuviel.

Wo er lyrisch und intim wird, besonders in den langsamen Sätzen der Symphonien, tritt sein innerstes Wesen vor uns. Das Wesen eines Künstlers, der aus lastender Enge hinausstrebte in die Bereiche des Himmlischen, des Lichtes, der Gnade und der Seligkeit.

3. Symphonie in d-Moll, Anfang des 2. Satzes

»Da hab' ich zu tief in ein Mädchenauge geschaut«, sagte der leicht entflammte Komponist einmal über das zarte, weitgeschwungene Des-Dur-Thema des Adagios in seiner Achten Symphonie. Der gewaltige, annähernd halbstündige Satz ist ungemein bezeichnend für Bruckners symphonisches Denken. Er zeigt die Größe seiner künstlerischen Vision so deutlich wie die kaum erschöpfliche Fülle der Assoziationen. Es ist, als könne dieser Geist sich nicht genug tun in der Entwicklung immer neuer Wendungen und Abwandlungen der Motive. Jedes symphonische Maß wird überschritten. Die »psychologische Zeit« scheint in die Ewigkeit zu greifen und sich damit selbst aufzuheben. Das Werk steht, wie überhaupt der Genius Bruckners, jenseits aller gewohnten Formbegriffe.

Nicht nur dieses Adagio, nein die ganze Achte, die »apokalyptische Symphonie«, ist eine der gewaltsam-längsten, die der österreichische Gottsucher hinterlassen hat. Neben den Symphonien seines engeren Landsmannes Mozart wirkt diese hochpathetische, aus Frömmigkeit und Theater seltsam gemischte Kunst fragwürdig. Die national-mystischen Heroldsrufe, mit denen seine Musik in Deutschlands dunkelster Zeit propagiert wurde, klingen uns noch im Ohr.

Bruckner war 67 Jahre alt, als 1891 die Achte Symphonie entstand. An Felix von Weingartner schrieb er: »Die Symphonie ist dem Kaiser gewidmet, und möchte ich gerne wünschen, daß der gute Kaiser wenigstens für diese Sinfonie nicht die Verlagskosten zahlen darf.« Der Kaiser Franz Joseph hatte ihn 1886 in Audienz empfangen, wobei der unbeholfene Meister die Uniform eines Ritters des Franz-Joseph-Ordens tragen mußte. Hinterher berichtete er einem Freunde: »Wia i eini kemma bin, hat der Kaiser glei lachn müaßn. Wie er g'redt hat, hat er mi alleweil so guat angschaut, daß i, wia er gsagt hat, ›es wäre mir eine Freude, Ihnen einen Wunsch zu erfüllen‹, mi traut hab außaz'fahrn: Majestät, verbieten's allergnädigst dem Hanslick, daß er schlecht über mi schreibt.«

Mit siebzig, nach einer schweren Krankheit, komponierte er seine letzte Symphonie, die Neunte. Sein Arzt, Dr. Richard Heller, hat übermittelt, was Bruckner ihm dazu sagte: »Sehen Sie, nun habe ich bereits zwei Majestäten Sinfonien gewidmet: dem armen König Ludwig und unserem erlauchten Kaiser, als die höchste irdische Majestät, die ich erkenne. Und nun widme ich der Majestät aller Majestäten, dem Lieben Gott, mein letz-

»Es ging spazieren auf dem Ring
ein Componist gar guter Ding,
doch da er lebt' in Österreich,
begriff ihn die Kritik nicht gleich.«
Bruckner und die Kritiker
Eduard Hanslick, Max Kalbeck und Richard Heuberger –
Karikatur von Otto Boehler

tes Werk und hoffe, daß er mir noch so viel Zeit gönnen wird, es zu vollenden«.

Der Liebe Gott gönnte sie ihm nicht. Nur drei Sätze sind vollendet, vom Finale lediglich Skizzen erhalten. Bruckner, der seine Kräfte schwinden spürte, verfügte, daß notfalls statt des vierten Satzes sein »Tedeum« aufgeführt werde. Die Uraufführung fand erst 1903 in Wien statt. Ihr Dirigent Ferdinand Löwe bearbeitete dafür die Partitur recht eigenwillig. In keiner der neun Symphonien ist die Überlegenheit der Originalfassung über die Bearbeitung so evident wie in dieser »Unvollendeten«. Gerade die Härte gewisser Klangfarben und Zusammenklänge gibt den drei Sätzen, namentlich aber dem Finale, die eigentümlich, jedes gewohnte Schönheitsgesetz revidierende Kraft.

Bruckner starb am Sonntag, dem 11. Oktober 1896. Am Klavier hatte er Skizzen zum Finale der Neunten Symphonie gemacht. Nachmittags fror er, verlangte heißen Tee und wurde zu Bett gebracht. Er trank seinen Tee, ließ sich auf die linke Seite legen, atmete zweimal tief und war erlöst.

Besuch eines Adlers

Gustav Mahler

Gustav Mahler, vier Jahre vor Richard Strauss geboren, stammte aus dem jüdischen Kleinbürgertum Westmährens, das damals österreichisch war und heute zur Tschechoslowakei gehört. In einem Lokalblatt des Städtchens Iglau konnte man am 16. Oktober 1870 lesen: »Ein neunjähriger Knabe, der Sohn eines hiesigen israelitischen Geschäftsmannes namens Mah-

Büste von Auguste Rodin (1909)

ler, ließ sich zum ersten Mal auf dem Klavier vor einem großen Publikum hören. Der Erfolg war ein großer und ehrenvoller, nur wäre zu wünschen gewesen, daß ihm zu seinem hübschen Spiel auch ein ebenso gutes Instrument zur Verfügung gestanden.« Später hat Mahler einmal gesagt, nur die Eindrücke vom vierten bis zum elften Lebensjahr seien künstlerisch fruchtbar. Der Knabe, dessen »hübsches Spiel« soviel Anerkennung fand, besuchte seit 1866 das Gymnasium in Iglau, wohin sein Vater, Viktualienhändler und Schnapsbrenner, bald nach des Knaben Geburt aus dem benachbarten Kalischt übergesiedelt war. Ein Zeugnis bestätigt ihm: Religion und Singen vorzüglich; Deutsch und Geschichte lobenswert.

Das vorzügliche Singen war schon den Eltern aufgefallen; der schmächtige Junge lernte beim Spiel nahe dem Kasernenhof zweihundert Lieder. Wie vieles von diesen frühen Eindrükken bei ihm künstlerisch Frucht getragen hat, liegt auf der Hand. Die Einsicht des Lehrers, der die Vorzüglichkeit seiner Religiosität und seines Singens beobachtet hat, ist bemerkenswert. Mündet nicht bei Mahler alle Musik in ein mächtiges Credo? Ist nicht alle Metaphysik für ihn und durch ihn zu einem großen, inbrünstigen Sang geworden?

Fünfzehnjährig kam Mahler ans Wiener Konservatorium, wo Julius Epstein sein Klavierspiel, Robert Fuchs und Franz Krenn seine Ausbildung in Kontrapunkt und Komposition überwachten. Sein Mitschüler war Hugo Wolf; beide schwärmten für Wagner, hörten gemeinsam die »Götterdämmerung«, teilten ein Zimmer am Opernring. Sie begegneten sich auch in der Bewunderung für Anton Bruckner, der durch sein Vorbild und auch durch persönliche Freundschaft indirekt zum Lehrer Mahlers wurde.

Getreu dem Wagnerschen Pantheismus waren Mahler und Wolf strenge Vegetarier – wenigstens damals. In einem Keller der Wallnerstraße saßen die Freunde neben langhaarigen, bärtigen Lebensreformern in härenem Kleid, Naturaposteln und Sozialisten, von denen Viktor Adler aus der deutschnationalen Bewegung kam und später die Wiener Arbeiterzeitung gründete.

Inzwischen hatte Mahler 1878 in Iglau sein Abitur gemacht und in Wien beim Abgang vom Konservatorium den ersten Preis für das Scherzo eines Klavierquintetts bekommen. Seine überdimensionale Arbeitskraft ließ ihn daneben noch Zeit für Bruckners Vorlesungen an der Universität finden.

1880 wurde er Kapellmeister. Bad Hall, Laibach (das heutige Ljubljana) und Olmütz sind die ersten Stationen. Auch dirigiert er Chöre der italienischen Stagione am Wiener Carlstheater. Wie oft mag er damals das »ebenso gute Instrument« ersehnt haben, das die Iglauer Kritik seinem Klavierspiel wünschte! Seit 1883 ging es aufwärts: Kassel; Prags Deutsches Landestheater, wo Angelo Neumann ihn Wagner dirigieren ließ; Leipzig, wo er neben Arthur Nikisch stand und Männern wie Ferruccio Busoni begegnete. Aus dem zarten Iglauer Gymnasiasten, mit dem breiten schmallippigen Mund und den stechenden dunklen Augen, war ein selbstbewußter junger Künstler geworden. Ein Vollbart umrahmte das Gesicht, seit der Prager Zeit nur noch ein Schnurrbart.

1888, in demselben Jahr, das auch für Richard Strauss so wichtig wurde, erreichte Mahler den ersten Gipfel. Er wurde Direktor der Budapester Oper, mußte sie allerdings nach zweieinhalb Jahren wieder verlassen, in denen er künstlerische Wunder tat. Unter seiner Hand wandelte sich alles: Ensemble, Repertoire und Geist des Theaters. Sechs Hamburger Jahre, in denen er Hans von Bülow nahe trat, gaben ihm die letzte Reife als Opernleiter.

1897 debütierte er mit dem »Lohengrin« an der Wiener Hofoper, die er bis 1907 leitete. »Seine Direktion brach über das Operntheater wie eine Elementarkatastrophe herein. Ein Erdbeben von ungeheuerer Intensität und Dauer durchrüttelte den ganzen Bau vom Giebel bis in die Grundfesten. Was da alt, überlebt oder nicht ganz lebensfähig war, mußte abfallen und ging rettungslos unter.« So schildert es der Komponist Franz Schmidt, damals Violoncellist im Opernorchester.

Das kongeniale Instrument, Mahler spielte es, dirigierte es mit dem heiligen Ernst, dem fanatischen Fleiß, ohne die es für ihn keine künstlerische Leistung gab. Vergöttert und gehaßt, unerbittlich gegen alles Halbe, demütig nur vor dem Kunstwerk, um dessen Geist er bis zur Erschöpfung rang. Ein Mensch, der wie eine Flamme brannte und sich verzehrte. Was waren die Quellen dieser magischen Kraft?

Mahler wußte, daß es nur eine Macht gibt: die des Geistes. Er, der Musiker, der unvergleichliche Könner im Bereich sei-

*Mahler dirigiert – Scherenschnitt von Schließmann
(1901)*

ner Kunst, der hinreißende Dirigent und geniale Komponist,
konnte doch Musik nur als Teil eines integralen Ganzen verstehen. Sprach er von seinen großen künstlerischen Erlebnis-
sen, so waren es Bücher. Sein Jugendfreund war der von Friedrich Nietzsche als Genie gepriesene Dichter und Philosoph
Siegfried Lipiner. »Lassen Sie die jungen Leute, die bei Ihnen
lernen, doch Dostojewski lesen – das ist wichtiger als der Kontrapunkt«, sagte Mahler einmal zu Arnold Schönberg. Nietzsche hat stark auf seine Musik eingewirkt, nicht so sehr der
Zarathustra-Nietzsche, an den sich 1896 Richard Strauss hielt,
als vielmehr der Philosoph des Übermenschtums, der radikale
Denker und Umwerter. Mahlers Tragik liegt in seinem lebenslangen Wegstreben aus der Enge einer nach vielen Seiten
begrenzten Umwelt. Seine Erste Symphonie sollte »Titan«
heißen; eine »Nordische« war geplant.

Man hat ihm, dem Sohn aus kleinem jüdischen Haus, sein
Konvertitentum verübelt, als er 1896 katholisch wurde. Dabei
war für ihn Religion etwas jenseits der Konfessionen. Er trug
seinen Gott in sich. Pantheistische Züge begegnen sich bei ihm

mit buddhistischen. Der Gott Pan lebt in seiner Musik neben dem Creator Spiritus, neben der »höchsten Herrscherin der Welt«. Mahler hat die Natur geliebt und verstanden wie nur wenige Künstler seiner Generation. Er hing an seiner mährischen Heimat.

Doch die Stimmen und Stimmungen, die in seinen Partituren aufleuchten »wie ein Naturlaut«, sind weltenfern von dem, was man damals Heimatkunst nannte. Es sind Rufe der Einsamkeit, wie sie nur ein Mensch der großen Städte erlebt hat. Heimat, das war für ihn dies enge Elternhaus, wo das Getto noch fast lebendig ist. Thorarolle und Chanukka-Leuchter haben ihre Zeit im Jahr, auch wenn man liberal denkt und sich modern assimiliert hat. Dieser Welt entwuchs Gustav Mahler. Er mokierte sich über die »Racen-Theorie«, sah auf die »schmutzigen polnischen Juden« als auf etwas Fremdes herab. Familie war nichts Absolutes für ihn. Den Bruder lehnte er brüsk ab. Aber die kränkliche Schwester, die ihm den Haushalt führte, schleppte er täglich drei Treppen zu seiner Budapester Etage hinauf.

Alles, was diesen Mann an Leidenschaft und Gefühlsüberschwang bewegte, fand sein Ziel in der Ehe mit Alma Maria Schindler, der fast zwanzig Jahre jüngeren Komponistin, die ihm 1902 in der Karlskirche angetraut wurde. Mahler, dieses »merkwürdig unerotische Wesen«, schreibt ihr die glühendsten Briefe, die passioniertesten Gedichte, die je ein Liebhaber zu Papier gebracht hat.

Ihre Gemeinschaft ist ein Rätsel der Synthese. Denn alle Gleichgestimmtheit im Geistig-Ästhetischen kann den Unterschied nicht überbrücken: hier der Auftrieb eines völlig geistbetonten Mannes aus bäurisch-jüdischem Stamm; dort die gesellschaftliche Überlegenheit eines sinnenfrohen Mädchens aus gehobenem Wiener Künstlermilieu. Um Gustav Mahler die Aura der strengen biblischen Propheten. Um Alma Maria, »Almschi«, wie er sie nannte, das flimmernde und sinnliche Licht aus den Komödien Hugo von Hofmannsthals und Arthur Schnitzlers.

Was für eine Zeit, was für ein Schauplatz, diese Jahrhundertwende in der Kaiserstadt! Da waren die Hofbälle und Praterfahrten. Auf dem Ringkorso promenierten die Lieblinge vom Theater und die gefürchteten Kritiker. Mahler selbst fehlte nicht: »...ein Ereignis, ihn auf der Straße zu sehen«, schreibt Stefan Zweig in seinem Memoirenbuch »Die Welt von gestern«. Die österreichische Arbeiterbewegung kämpfte mit den Christlich-Sozialen, den Alldeutschen und den Antisemiten. Es zerbrachen die Vorurteile der Scham und der Geschlechtertrennung in den Schriften von Sigmund Freud, Alfred Adler und dem frühvollendeten Otto Weininger ebenso wie in dem Emanzipationskampf der ersten studierenden Frauen. Im Café Central und bei Griensteidl trafen sich Hermann Bahr, Richard Beer-Hofmann, Felix Salten und der junge Hofmannsthal. Karl Kraus schleuderte die ersten Fackeln in diese beschauliche Welt, die Peter Altenberg in impressionistischen Meisterstücken skizziert. Oskar Kokoschka und Egon Schiele verkörperten verwandte künstlerische Ideale. Josef Hofmann, Otto Wagner, Gustav Klimt; das Kunstgewerbe, der neue Städtebau und der Sezessionismus hatten einen gemeinsamen Feind. Es war der geniale Architekt Adolf Loos, Apostel gegen das Ornament, Überwinder des Jugendstils.

Und dazu noch, was sich im übrigen Europa im Bereich der Wissenschaft vollzieht: Max Plancks Quantentheorie, die Erforschung der Kathodenstrahlen, die Deutung der Radioaktivität als Folge des Atomzerfalls. Im Weltbild der Monismus; im Technischen die Luftschiffe des Grafen Zeppelin und die Flugdrachen Orville und Wilbur Wrights.

So sehr Gustav Mahler ein Bestandteil dieser österreichischen Welt und dieser Zeit gewesen ist, wirkte es doch in ihr als Fremdkörper. Seine Kompromißlosigkeit weckte in gleichem Maße Verehrung und Haß. Doch die Mächte des Hasses besiegten ihn schließlich. 1907 verließ er nach einem heroischen Kampf gegen Mißgunst und Intrige die Stätte seines zehnjährigen Wirkens, wo er nicht nur gegen Schlamperei und Protektionswirtschaft gestritten, sondern auch allem Neuen in der Oper selbstlos den Weg geebnet hatte. Unter seiner Leitung wurden seit 1897 Tschaikowskys »Eugen Onegin«, Anton Rubinsteins »Dämon«, Umberto Giordanos »Fedora«, Richard Strauss' »Feuersnot«, Gustave Charpentiers »Louise«, Puccinis »Bohème« und »Madame Butterfly«, Hans Pfitzners »Rose vom Liebesgarten« und Hugo Wolfs »Corregidor« zum ersten Mal gegeben. Er war es, der die Werke Richard Wagners und Mozarts in Aufführungen von kühner Konven-

»Mahlers Metamorphosen« – *Karikatur von Theo Zasche*

tionslosigkeit, teilweise in eigener Regie und mit Bühnenbildern von Alfred Roller gleichsam neu entdeckte. In seinem Abschiedsbrief an die Mitglieder der Hofoper schrieb er: »Statt eines Ganzen, Abgeschlossenen, wie ich geträumt, hinterlasse ich Stückwerk, Unvollendetes, wie es dem Menschen bestimmt ist … Ich habe es redlich gemeint, mein Ziel hochgesteckt. Nicht immer konnten meine Bemühungen von Erfolg gekrönt sein. Dem Widerstand der Materie, der Tücke des Objekts ist niemand so überantwortet wie der ausübende Künstler. Aber immer habe ich mein Ganzes daran gesetzt, meine Person der Sache, meine Neigungen der Pflicht unter-

175

geordnet. Ich habe mich nicht geschont und durfte daher auch von den Anderen die Anspannung aller Kräfte fordern.«

Mahlers Weg führte nicht mehr zur Ruhe. Seit 1907 war er ein gefeierter Gast in der New Yorker Metropolitan Opera und am Pult amerikanischer Orchester ebenso wie an dem der Wiener Philharmoniker. Ganz Europa bejubelte den kleinen, faszinierenden Mann, der den Sängern wie den Instrumentalisten seinen reinen künstlerischen Willen aufzwang, der sich mit seiner autoritären Persönlichkeit auch für so unpopuläre Dinge einsetzte wie die Kompositionen Schönbergs und der Schönberg-Schüler. Anders als Strauss, den er bewunderte und freundschaftlich nach Kräften förderte, hatte Mahler keinerlei Sinn für materiellen Besitz oder Vorteil. Er gab, wenn es galt, ringenden Künstlern zu helfen, mit vollen Händen.

Schließlich war seine zarte Physis dem Übermaß an Arbeit und asketischer Bedürfnislosigkeit nicht mehr gewachsen. Im März 1911 erkrankte Mahler in Amerika an einer Streptokokken-Vergiftung. Französische Ärzte, die er in Paris konsultierte, konnten nicht mehr helfen. Er starb am 18. Mai in Wien, betrauert von den vielen, denen er ein Vorbild geworden war.

Und Mahlers Musik? Ein gewaltiges Œuvre, in wenigen Sommerwochen dem überanstrengten Geist abgerungen. Neun Riesensymphonien, die Zehnte fast vollendet. Dazu »Das Lied von der Erde«, dazwischen zweiundvierzig einzelne oder zyklisch verbundene Lieder, die den Kern seines Wesens enthalten. In seltsamem Wechsel begegnen sich der idyllische oder schwärmerische Volkston, die heitere Märchenweise, die makabre Vision und die schneidende Groteske.

Unter den frühen Liedern, vermutlich aus der Budapester oder Hamburger Zeit, kennzeichnet der »Tambourg'sell« Mahler in besonderer Weise. Das ist der Volkston aus der Gedichtsammlung »Des Knaben Wunderhorn«, die Ballade vom Soldaten, »im G'wölb«, dem der Galgen (das »hohe Haus«) winkt; der Gutnacht sagt zum Marmelstein, zu Berg und Hügelein, zu Offizier, Korporal und Musketier der Leibkompanie. Eine Deserteurstragödie, wie sie in den Iglauer Kasernen sich abgespielt haben mag. Die Musik ist in Strichen skizziert, wie mit dem Tuschpinsel hingesetzt. Ein Baßtriller »mit Nachahmung einer Militärtrommel«, ein Quartsprung in punktiertem Rhythmus. E-Moll, später mit der phrygisch-archaischen zweiten Stufe. Anklänge an das Lied vom guten Kameraden bei den Textworten »Tambour von der Leibkompanie«. Ein leidenschaftlicher Aufschwung der Stimme »molto alzata« und »con tutta la forza«, dann hinabsinkend zum langsameren Mittelteil in d-Moll. Es sind im Keim all die Trauermärsche und Stücke »wie ein Kondukt«, die in den Symphonien wiederkehren, als Coda des ersten Satzes der Zweiten, als erste Sätze der Fünften und Siebenten. Die traurig gejodelte Sexte bei den Worten »Von euch ich Urlaub nehm« öffnete das Tor zu einem erstaunlichen Akkordmotiv, das zur idée fixe in der Sechsten Symphonie wird: der unmittelbaren Folge von Dur und Moll.

Mahlers Erfindungen im Bereich von Harmonik, Melodik, Form und Orchesterfarbe sind zahllose. Er hat eine Art von melodiösem Kontrapunkt geschrieben, die es vor ihm nicht gab. Der Themenreichtum seiner Durchführungen ist verwirrend und doch gebändigt, die Plastik seines Bläsersatzes vollendet, die Ausdruckskraft der harmonischen Fotschreitungen wahrhaft dramatisch.

Was aber die einzigartige Kraft dieser symphonischen Blökke und ihrer Lieder-Keimzellen ausmacht, das liegt in einer Sphäre weit über den Noten. Es ist das großartige pädagogische Ethos, das hier Musik geworden ist, eine Art religiös sublimierter Überkunst, durch die Mahlers Werk über das seiner ganzen Generation hinauswächst. Der Dichter Gerhart Hauptmann, in enger Freundschaft dem so anders gearteten Manne verbunden, hat es als »Dämonie und Feuermoral« charakterisiert. Thomas Mann sprach nach der Münchner Uraufführung der Achten Symphonie von dem »ernstesten und heiligsten künstlerischen Willen unserer Zeit«.

Von Liebe und Tod, Auferstehung und Glauben handeln nicht nur die großen Vokalsymphonien, Zweite, Dritte, Vierte und Achte, sondern in gleichem Maße die Nachtstücke der Siebenten mit ihrem transzendenten Gitarren- und Mandolinenklang. Selbst das theatralische Pathos seiner Riesenorchester, die beiden Hammerschläge im Finale der Sechsten, die hypertrophische Dauer aller Orchestersätze sind aus diesem gläubigen Erfülltsein, einem zu Musik gewordenen »Ich lasse Dich nicht, Du segnest mich denn« zu deuten.

Mahlers Lebensweg ist eine Bahn der eisernen Zucht und Selbsterziehung. Hans Pfitzner und Guido Adler, ungleiche

Freunde aus der Wiener Zeit, berichten von seiner Entwicklung am Pult, wo er als junger Mensch durch explosiv aus-
ladende Gestik erschreckte, um dann seine magische, durch
Stefan Zweig in einem Gedicht verherrlichte Kunst der Or-
chesterführung zu immer kleinerer Bewegung zu reduzieren.
Er hat in einer Zeit des beginnenden Startums auch als Interpret das Beispiel demütiger, fanatischer Hingabe an das Werk
gegeben. Daß er Beethoven und Mozart auf seine selbstherr-
liche Art gedeutet hat, war wohl nicht nur schöpferischer Protest gegen falsche Tradition. Es mag die konsequente Verwirklichung eines Prozesses gewesen sein, in dem er mit dem Werk
zusammenwuchs und sich mit dem Geist der Partituren iden-
tifizierte.

Die resignierte Trauer, die um das »Lied von der Erde«
gebreitet ist, war wie ein Schatten über seinen letzten ameri-
kanischen Lebensjahren. Triumphe ließen ihn unbefriedigt,
ähnlich wie Busoni, der oft von dem großen Irrtum seines
eigenen Virtuosenruhms gesprochen hat. Die beiden großen
Männer kamen sich in Amerika nahe. Nach der für ihn beglük-
kenden Aufführung seiner »Turandot«-Musik schrieb Busoni
in einem enthusiastischen Brief das Wort: »Ihre Nähe hat
etwas reinigendes.« Diese reinigende Nähe haben alle erfahren, die ihn wahrhaft kannten, alle, die seine Botschaft als
Musiker weitergetragen haben. Und wie Mahlers vergeistigtes
Ringen in Otto Klemperer, so hat sein schwärmerischer Gestus
in Bruno Walter noch einmal Gestalt gefunden.

Walter schildert die Szene, wie Mahler in seiner Sommerfri-
sche Toblach bei der Arbeit plötzlich durch etwas Fürchterli-
ches erschreckt wurde, einen Adler, der vom Fenster her sein
Komponierhäuschen verdunkelte, eindrang und sofort wieder
entschwand. Es ist ein Vorgang im Geist der oft erschreckend
unerwarteten Ausbrüche und »Szenenwechsel« in seiner Musik. Der riesige Vogel, düsterer Himmelsbote und Symbol
hoher Mächte, verirrt zu dem Menschen, der mit dem Höhenflug seines Geistes über die Gebirgswelt des geflügelten Königs hinausstrebt. Blitzhaft begegnen sich zwei ungleiche und
doch verwandte Kräfte. So hat Mahler in seiner Musik die Natur erlebt. Der heilige Schreck, den seine Kunst vermitteln
kann, hat die Seelenwirkung der griechischen Katharsis. Er war
von der Art der Propheten, deren Nähe von allem Schmutz
befreit und auch das Niedrigste adelt.

Alma Maria Mahler hat den zu früh gestorbenen Mann um mehr als ein halbes Jahrhundert überlebt. Aus der Ehe gingen zwei Töchter hervor, die im Kindesalter gestorbene Maria Anna und die später zur Bildhauerin gewordene Anna Justina. Mahlers leidenschaftliches Herz war von der Liebe zu seiner kleinen Familie ganz erfüllt. Die junge Frau war für ihn eine Art höheren Wesens, zu dem er mit schwärmerischer Hingabe aufblickte, dem er seine künstlerischen Sorgen mitteilte und das überdies für ihn eine Brücke zur Außenwelt baute. Er selbst brauchte wenige Kontakte außer denen, die sich in der Arbeit ergaben. Sie hingegen war eine ungemein gesellige, jedem Eindruck des Geistes und der Sinne heiter geöffnete Natur, die ihn darin glücklich ergänzte. In einem langen Leben wurde sie die Gefährtin und Gattin großer Männer. Freundschaften, die sie freimütig in ihren Memoiren geschildert hat, verbanden sie mit Oskar Kokoschka, dem großen Architekten Walter Gropius, der ihr zweiter Mann wurde und dem sie eine früh verstorbene Tochter, Manon, schenkte, schließlich mit dem Dichter Franz Werfel, den sie in dritter Ehe heiratete.

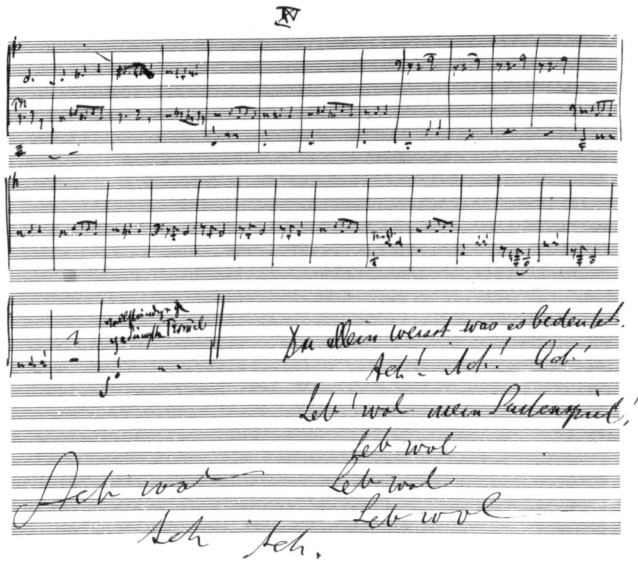

10. Symphonie, Skizze zum Ende des 4. Satzes

Die Geschichte ihrer Ehe mit Mahler hat Alma Maria in einem Buch aus Erinnerungen und Briefen geschrieben. Sie endet mit den Skizzen zur Zehnten Symphonie, die sie nach seinem Tode fand. Das Werk enthält einige der genialsten Eingebungen des großen Komponisten, sowohl in dem »Purgatorio« genannten dritten Satz als auch in dem darauf folgenden Scherzo, einem Teufels- und Wahnsinnstanz von unvergleichlicher Tragik. Mitten in die Kompositionsskizzen hinein hat Mahler erschütternde Worte geschrieben, namentlich in das Finale, wo man zweimal liest »Für Dich leben! Für Dich sterben! Almschi!« Mit diesem ekstatischen Bekenntnis einer Liebe über den Tod hinaus endet das Lebenswerk des Mannes, das an die großen Überlieferungen von Klassik und romantischem Humanismus anknüpft und in eine nur geahnte Zukunft deutet.

Höllensohn

Hugo Wolf

Foto (1889) und Eintragung in das Gästebuch von Schloß Matzen in Tirol mit einem Motiv aus dem »Corregidor« (1896)

Bis heute sind die Seelenärzte uns eine Analyse von Person und Werk Hugo Wolfs schuldig geblieben. Und gerade er, mehr als irgendein anderer Komponist – ausgenommen vielleicht Hector Berlioz –, wäre ein unvergleichlicher Gegenstand solcher Untersuchung: er, der größte Psychologe, den sogar die nachwagnerische Epoche der deutsch-österreichischen Musik hervorgebracht hat.

Nichts an diesem Sohn des Mittelstandes ist »normal« im bürgerlichen Sinne; sein Wesen, wie es in Biographie, literarisch-journalistischem Schaffen und Briefen sich spiegelt, scheint zweispältig von Anbeginn. Die Zeitgenossen der achtziger Jahre schildern den Jüngling, wie er klein und schmächtig durch Wiens Straßen eilt, Bücher und Noten unterm Arm. Er führt Selbstgespräche. Sein Äußeres ist korrekt. Die Fotos zeigen das ernste Romantikergesicht mit dem Bart auf der Lippe und unter dem sensitiven Kinn. Ganz beiläufig erwähnt ein Freund von ihm, daß Wolf die Gewohnheit hat, sich die Schnurrbarthaare einzeln auszureißen.

Das Selbstgespräch scheint bezeichnend für ihn zu sein. Auch diese Sonderlichkeit spricht für Spaltung des Seelenlebens. Siegfried Ochs berichtet von dem Konzert des Philharmonischen Chors, das Anfang 1894 Wolf und Bruckner nach Berlin führt. Es war ein Triumph für beide. Aber Wolf, von dem das »Elfenlied« aus dem »Sommernachtstraum« und der »Feuerreiter« gesungen werden, hält sich versteckt. Gefragt, warum er sich dem Dank des Publikum entzogen habe, antwortet Wolf: »Ja, was? I hab' mir selber dankt. G'heult hab' i.«

Im September 1897, er ist mitten in fieberhafter Arbeit an seiner zweiten Oper »Manuel Venegas«, bricht der Wahnsinn aus. Wolf entflieht seiner Identität. Er hält sich für den Direktor der Wiener Hofoper und befiehlt, daß man seine erste Oper, den »Corregidor« gebe. (Das Buch ist eine Verkleidungskomödie nach Alarcons »Sombrero de Tres Picos«, in der ein hoher Herr gezwungen wird, mit einem Müller die Kleider zu tauschen!)

Nach vier Monaten in einer Privatklinik scheint er geheilt. Aber Ruhe und Gesetztheit, die er nun zeigt, sind teuer erkauft. Der Schaffensstrom ist versiegt. Er reist mit seiner Schwester nach Italien, läßt sich über Sommer in Traunkirchen nieder. Dem Freunde Hugo Faist schreibt er am 17. September 1898: »Ich habe mich genugsam erholt und bedarf keiner Nachkur. Vielleicht aber täte Dir eine Nachkur gut!«

Kurz danach stürzt er sich in den See, wird gerettet, kommt als unheilbarer Fall in eine Anstalt nach Wien. Noch kann er musizieren, Besuche empfangen, Gespräche führen. Aber es geschehen seltsame Dinge. Wieder entflieht er seiner Identität: »Ja, wenn ich Hugo Wolf wäre«, seufzte er. 1900 erkennt er die Besucher noch, kann aber ihre Namen nicht mehr ausspre-

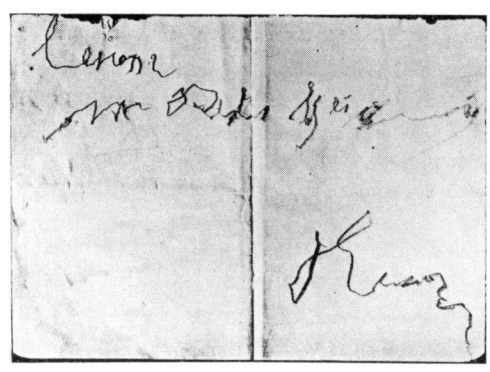

Unterschrift aus dem Jahr 1901

chen. Seit August 1901 vegetiert er, nur noch liegend, fast alle Nahrung verweigernd, mit stumpf werdenden Sinnen. Eine Lungenentzündung am 16. Februar bereitet das Ende vor. Am 22., einem Sonntag, stirbt Hugo Wolf nach krampfartiger Agonie. Es ist drei Uhr nachmittags.

Was das korrekte und fast schüchterne Äußere verbirgt, tritt in der literarischen Tätigkeit um so deutlicher zutage. Ein aufrührerischer Ton beherrscht die Äußerungen des ewigen Jünglings. Er schreibt, vom 24. bis zum 27. Lebensjahre, Kritiken für eine Zeitung der eleganten Welt, das »Wiener Salonblatt«. Brahms und Hanslick sind die Objekte seines Hasses, Wagner und Liszt, später Bruckner, seine Idole.

Aus der steirischen Provinzstadt Windischgrätz war Wolf, fünfzehnjährig, auf das Wiener Konservatorium gekommen. Zwei Jahre später muß er es verlassen. Er bietet dem Direktor

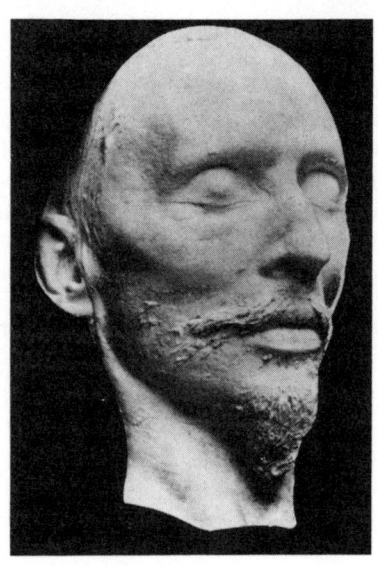

Totenmaske

Hellmesberger die Stirn und geht seiner Wege. Was er nun lernt, Sprachen, literarische Kenntnisse hohen Ranges, ist Ergebnis mühevoller autodidaktischer Arbeit. Kleist wird sein Abgott. Hermann Bahr, der als Student Wolfs Nachbar ist, schildert, wie nachts in langem weißem Hemde der Ruhelose den heimkehrenden Bummlern entgegentritt, mit feierlichen, skurrilen Gebärden aus der »Penthesilea« vorliest und hohnlachend wieder verschwindet. Hohnlachen aber tönt ihm selbst entgegen, als in Wien seine symphonische Dichtung nach Kleists »Penthesilea« durch eine Konzertgesellschaft »versuchsweise« aufgeführt wird.

Von den 43 Jahren seines Lebens zählen künstlerisch nur zehn. Fast alles, was vor 1887 entsteht, ist Stückwerk, nicht zu vergleichen mit den Werken der großen Schaffensperiode. 1936 veröffentlicht der Musikwissenschaftliche Verlag in Wien und Leipzig vier Hefte Lieder aus dem Nachlaß. Das früheste, 1876 komponiert, benutzt eine Ghasel von Platen: »Im Wasser wogt die Lilie, die blanke, hin und her; doch irrst du, Freund, sobald du sagst, sie schwanke hin und her! Es wurzelt ja so fest ihr Fuß im tiefen Meeresgrund, ihr Haupt nur wiegt ein lieb-licher Gedanke hin und her.«

1887 stirbt der Vater. Und bald setzen die schöpferischen Anfälle ein – man kann es nicht anders nennen –, Zeiten hek-tischer Besessenheit, in denen stoßweise die Liederbücher entstehen: 53 Gedichte von Eduard Mörike, 51 von Goethe, 20 von Eichendorff, 44 spanische nach Geibel und Heyse, 46 italienische nach Heyse. Es ist, als habe der Verlust des Vaters, der ihm die ersten Anweisungen im Musizieren gegeben hatte, eine Hemmung entfernt, die den schöpferischen Trieb fessel-te.

In welcher Art sich das seelische Krankheitsbild Wolfs (und zwar in seiner doppelten Prägung: durch Kindheitsgeschichte und Paralyse) musikalisch äußert, bleibt zu untersuchen. Das Zurücktreten der Gesangsmelodie hinter die psychologisie-rende Begleitung wird zum Symptom. Als Begleiter liebte es Wolf, den Sänger zu übertönen und mit wütendem Fußstamp-fen den Hörern Ruhe zu gebieten, wenn sie in sein Nachspiel hinein applaudierten. Er selbst spricht in Briefen von sich selbst als einem »Höllensohn« und von seiner Proteusnatur sowie von seiner »verrückten Art, immer noch neue Kontra-punkte hinzuzumachen«. Der reflektierende Zug, der die Musik zu einem überbelichteten Bild des Gedichtes macht, ist das Wesensmerkmal der Wolfschen Kunst.

Geniale Maßlosigkeit

Max Reger

In der Laudatio zum Ehrendoktor der Philosophie, den 1908 die Jenaer Universität Max Reger verlieh, dem »modorum musicorum inventori novorum cultissimo«, wird auf seine innige Verbindung mit Johann Sebastian Bach hingewiesen. Reger war damals 35 Jahre alt, Kompositionslehrer und Universitätsmusikdirektor in Leipzig und ein berühmter Mann über Deutschlands Grenzen hinaus. Sein Dank an die Jenenser Alma Mater nahm großartige musikalische Form an: er widmete ihr anläßlich ihres 350jährigen Bestehens den 100. Psalm für gemischten Chor, Orchester und Orgel. Das Werk

Kohlezeichnung von Carl Weinhold (1911)

gehört zu den kennzeichnendsten für seine Meisterschaft und den Reichtum seines vielstimmigen Denkens. Von allen Fugen, die sein großes Schaffen enthält, ist die Doppelfuge auf die Psalmworte »Denn der Herr ist freundlich und seine Gnade währet ewig und seine Wahrheit für und für« die gewaltigste, und die Einbeziehung des Chorals »Ein feste Burg ist unser Gott« zeigt eine Größe der musikalischen Vision, der sich auch skeptische Zeitgenossen nicht verschließen konnten.

Die Jenaer Laudatio nennt Reger treffend den Erfinder neuer musikalischer Mittel. Damit ist seine Stellung an der Schwelle der Neuen Musik charakterisiert. Denn er war ein prophetisches Genie, und das nicht nur in der Unerschöpflichkeit seiner harmonischen Erfindung, sondern – was uns heute durch die Entwicklung der Tonsprache nach Arnold Schönberg erst ganz bewußt geworden ist – auch in hundert Einzelheiten der Melodiebildung und des Rhythmus. Die »dämonische« Geistesart, auf die Karl Straube, sein unermüdlicher Bewunderer und Förderer, einmal hingewiesen hat, brachte Unruhe in die Welt der Tonkunst; noch 1921, fünf Jahre nach seinem vorzeitigen Tod, hat ein hochgebildeter Kommentator der damals neuen Musik, Walter Niemann, vor der ästhetischen Anarchie gewarnt, die Regers Kunst als eine der Nerven und nicht des Herzens, als eine Kunst ohne Ethos, verkörperte.

Vergaß Niemann, daß in dieser angeblich anarchischen Musik die ältesten Traditionen des Abendlandes wieder lebendig geworden sind? Übersah er – wider besseres Wissen –, daß es nach Johannes Brahms keinen Komponisten gegeben hat, dessen musikalisch universeller Geist so weit ins Meer der fernen Vergangenheit zurücklotete bis zur Polyphonie der alten Niederländer, zum Kontrapunkt Palestrinas, nicht zu reden von der Vielstimmigkeit Johann Sebastian Bachs?

Der Sohn aus oberpfälzischem Lehrerhaus war in einem musikgesättigten Milieu aufgewachsen. Der Vater Joseph Reger spielte neben der Orgel Klavier, alle Streichinstrumente und mehrere Blasinstrumente. Max saß schon als kleines Kind an der Orgelbank, unterwiesen von beiden Eltern, denn auch die Mutter, Philomena geb. Reichenberger, war hochmusikalisch. Noch bevor Max Reger 17jährig am Konservatorium von Sondershausen Schüler Hugo Riemanns wurde, hatten 1888 die Bayreuther Festspiele ihm ein künstlerisches Jugenderlebnis vermittelt, dessen Spuren durch sein ganzes Leben zu verfolgen sind. Er hatte in dem Städtchen Weiden in Adalbert Lindner einen Orgellehrer, der ihn auf Riemanns strenge, anspruchsvolle Unterweisung glänzend vorbereitete, wobei der theoretische Unterricht des Vaters helfend und grundlegend mitwirkte. So konnte er mit einer Ouvertüre für großes Orchester satztechnische Kenntnisse nachweisen, die Riemann sofort bewogen, den jungen Unbekannten aus der Provinz aufzunehmen. Er führte ihn sogar an seine neue Wirkungsstätte nach Wiesbaden mit, wo der 18jährige selbst als Lehrer für Orgel und Klavier angestellt wurde.

In der alten Orgelmusik und dem Klavierwerk Beethovens hatte Reger in Weiden die Grundlagen seiner Bildung gefunden und studiert. Das Erlebnis von »Meistersingern« und »Parsifal« im Bayreuther Festspielhaus wirkte als erstes Ferment solcher gesicherten Kunstanschauung. Riemann trug als wichtigstes, entscheidendes Element der Entwicklung die Vertrautheit mit dem »Wohltemperierten Klavier« und den Orgelwerken Johann Sebastian Bachs bei. Doch hat erst Karl Straube in der Leipziger Zeit Reger mit den Brandenburgischen Konzerten und Orchestersuiten bekannt gemacht.

Merkwürdigerweise war es das protestantische Element in Bachs Musik, das am stärksten auf Reger eingewirkt hat. Er, der sich selbst »katholisch bis in die Fingerspitzen« nannte, wurde zum begeisterten, schaffenden und nachschaffenden Interpreten der Choralvorspiele.

Neben Bach, Beethoven, Schumann und Wagner ist es Johannes Brahms gewesen, der seine Tonsprache und seine Art musikalisch zu denken, am spürbarsten beeinflußt hat. Er vergötterte Brahms und hat in seinen eigenen Werken vor allem formal vielfach an ihn angeknüpft. Ohne das Vorbild der Brahmsschen Händelvariationen für Klavier und der Haydnvariationen für Orchester sind Regers Bach- und Telemannvariationen für Klavier, seine Beethovenvariationen für zwei Klaviere und seine Hiller- und Mozartvariationen für Orchester kaum denkbar. Und doch sprechen sie seine unverwechselbare Sprache.

Was ihn mit Brahms, dem romantischen Klassizisten, verband, war das erlebte Verständnis für alte Formen. Es ging zurück bis in die Anfänge der modernen Tonalität, die Schlußkadenzen von der sechsten Stufe in den Grundton, die Vermeidung des Leittons, die leere Quinte an Stelle des Dreiklangs an den Schlüssen und manche Melodiebildung nach den dorischen, phrygischen und lydischen Kirchentönen.

Er brachte wie Brahms die alten Formen zu neuen Ehren, Formen, die seit der romantischen Bilderstürmerei durch Berlioz, Liszt, Wagner und die Neudeutschen als hoffnungslos veraltet und erschöpft angesehen wurden. Da sind, neben den kontrapunktischen der Doppelfugen und Fugen, die Passacaglien und Chaconnen, die Duos, Canons und Fugen im alten Stil für zwei Violinen, die Suiten und Serenaden für Orchester und Kammerensembles, das Konzert für Orchester, das die Concerto Grosso-Technik aufnimmt, da sind Choralkantaten zu den Hauptfesten des evangelischen Kirchenjahres und die geistlichen Gesänge für gemischten Chor a capella, die an die größten Vorbilder der Motettenkomposition anknüpfen.

Daß Reger auch die Form des Solokonzerts in gewaltigen Werken für Klavier und Geige weiter entwickelt hat, gehört ebenfalls zu den Symptomen seiner Bindung an die großen Überlieferungen. Seine ungeheure Schaffenskraft, die ihn alles irdische Leben und sogar Essen und Trinken vergessen machte, erinnert an barocke Vorbilder. Nach einem Leben, das im 44. Jahr endete, hat er 146 numerierte und etwa dreißig nicht numerierte Kompositionen hinterlassen, darunter viele von großem Umfang, nicht zu reden von den zahlreichen Bearbeitungen von Werken Bachs, Beethovens, Brahms', Chopins, Hugo Wolfs, Wagners, Händels, Corellis und Schuberts.

Bedenkt man, daß diese schöpferische Leistung einer vita activa abgerungen war, die den rastlosen Mann mit Klavierabenden und Dirigiergastspielen jahraus, jahrein durch Deutschland und die Nachbarländer hetzte, daß er ein vielbeschäftigter Lehrer war und als Hörer in Oper und Konzert am Musikleben auch passiv teilnahm, so kann man diese Tatkraft nur bewundern.

In den Wiesbadener Jahren, von 1890 bis 1898, begegnete Reger einigen Musikern, die ihn als Wegbereiter neuer Formen und Sprachmittel interessierten. Richard Strauss hatte durch seine symphonischen Dichtungen, namentlich »Don Juan«, »Tod und Verklärung« und »Till Eulenspiegel«, Aufsehen erregt und als eine Art musikalischer Anarchist nicht nur den Unmut von Kritikern, sondern auch von anderen Komponisten wie Peter Tschaikowsky geweckt. Programmusik und Neudeutsche Schule, wie sie Strauss verkörperte, liefen Regers Instinkten und künstlerischen Überzeugungen damals völlig zuwider. Doch er bewunderte an dem älteren Kollegen gleichermaßen Begabung und technisches Können und hielt ihm sein Leben lang die Treue. Auch Strauss schätzte Regers Musik hoch, und die beiden ungleichen Männer blieben Freunde, auch als die Welt sie zu Antipoden machte und gegeneinander ausspielte. 1906, nach der Dresdener Uraufführung der »Salome«, kam es zu schweren Angriffen in der ganzen Welt gegen den unsittlichen Stoff, der das religiöse Empfinden verletzte. Auf eine Zeitungsrundfrage antwortete Reger: »Ich bin nicht der Meinung, daß das sittliche oder religiöse Empfinden auf irgendeine Art durch die Salome verletzt wird. Und wer schließlich durch die Salome seine Religion verliert, der hat schon vorher keine gehabt ... Im übrigen ist mir das Sujet der Salome sehr unsympathisch...« Und 1912 schrieb er an den Herzog von Sachsen-Meiningen: »Durch das Feldgeschrei hie Strauss hie Reger ist eine solche parteiische Beurteilung gang und gäbe geworden, daß es mir nicht vergönnt ist, diese Auslassungen ernst zu nehmen, wenn sie in solch gehässiger Weise gegen mich vorgebracht werden. In Berlin wirkte ich geradezu als rotes Tuch. Es hat seinerzeit fürchterlich böses Blut gemacht, als mich die Berliner Universität zum Doktor h.c. promovierte und Strauss dabei überging. Ich kann solche Sachen nicht verhindern.«

So ungleich die beiden großen Komponisten in ihren ästhetischen Anschauungen waren – auch in der Bewertung von

Wagner und Brahms, denen sie beide wesentliche Anregungen und schöpferische Impulse verdankten – so nah waren sie sich in manchen Eigenschaften ihrer Tonsprache. Denn harmonisch kamen sie von Wagner her, insbesondere vom »Tristan«, dessen Chromatik sie beide zu Konsequenzen führte, die an die Grundfesten der Tonalität rührten. Für Strauss war Wagner der Inbegriff des Genies, Brahms nur der des Talents. Reger hingegen vergötterte Brahms und empfand bei Wagner Verwandtschaft nur für die Ausbrüche der Leidensmusik, etwa beim Amfortas und beim Tristan des dritten Aktes, also für das, was die Beckmesser der Jahrhundertwende pathologische Musik nannten. Als die Proteste des Publikums um 1900 aufhörten, meinte Strauss ironisch zu Reger, nun seien sie beide Klassiker.

Reger hat in seiner Harmonik den Weg fortgesetzt, den Strauss nach der »Elektra« nicht weiter ging. Die Überwucherung der Diatonik durch Chromatik, wie in der sogenannten C-Dur-Sonate für Violine und Klavier, bereitet unmittelbar die Liquidierung der Tonart vor, die Arnold Schönberg zu Ende geführt hat. Mit dieser Sonate hat es noch eine andere Bewandtnis. Wie Strauss im »Heldenleben« wollte Reger seinen kritischen Widersachern eins auswischen. Er porträtierte sie mit den Themen, die aus den Noten A-F-F-E und Es-C-H-A-F-E gebildet sind und erregte damit einen Sturm im Wasserglas.

Busoni, der unvergleichliche Pianist, stand ihm in den künstlerischen Anschauungen viel näher als Strauss. Er hatte die neudeutsche Richtung nie geliebt und in seinen Kompositionen das Erlebnis Johann Sebastian Bachs sublimiert. Auch für ihn war Brahms, dem er in Wien begegnete, der wichtige Anreger. Und der experimentierende Verstand, der sich später in seinem »Versuch einer neuen Ästhetik der Tonkunst« und manchen Kompositionen wie der »Berceuse Elégiaque« und der »Sonatina Seconda« manifestierte, mag den jungen Reger fasziniert haben.

Zu Gustav Mahler hatte Reger keine persönlichen Beziehungen, und er scheint auch an seiner Musik nicht viel Gefallen gefunden zu haben. Immerhin saß er – wie auch Strauss – in der Münchener Uraufführung der Achten Symphonie, und für den Dirigenten Mahler empfand er höchste Bewunderung.

1907 kam es zu einer Auseinandersetzung zwischen Hugo

Riemann, der ihn als den Bach der Gegenwart rühmte, und Reger. Riemann griff in den Kampf um Strauss' »Salome« mit einem Aufsatz »Degeneration und Regeneration in der Musik« ein, der Reger in Wut brachte. Er veröffentlichte eine Erwiderung, die seine Stellung zum Begriff des musikalischen Fortschritt definierte. Sie endete mit dem oft zitierten Satz: »Ich reite unentwegt nach links«. Diese »links«, wenngleich dem politischen Vokabular entliehen, drückte beileibe keine revolutionären Meinungen aus. Reger war nicht nur ein guter Katholik, sondern auch nationaler Deutscher, der 1914 eine hochpathetische, blechgepanzerte »Vaterländische Ouvertüre«, Orgelvariationen nebst Fuge über das Lied »Heil dir im Siegerkranz« und einen Männerchor an den Grafen Zeppelin schrieb.

Links bedeutet für ihn die Richtung des musikalischen Fortschritts in der Differenzierung von Harmonik, Melodik, Rhythmus und Klangfarbe. In allen diesen Dingen gehörte er der Welt von morgen, und zu ihr bekannte er sich auch. Die Verstimmung zwischen ihm und Riemann wurde von beiden schmerzlich empfunden, wurde aber nie wieder aufgehoben, obwohl Reger dem einstigen Lehrer und begeisterten Förderer seiner Musik zum 60. Geburtstag einen verehrungsvollen Brief schrieb. Riemann rückte innerlich von ihm ab und rügte seine Musik in dem von ihm herausgegebenen Lexikon wegen der »Verschwendung der stärksten Ausdrucksmittel« und der »Überladung des technischen Apparates«.

Auf seinem Ritt nach links fühlte sich Reger mit Richard Strauss und wohl auch mit Gustav Mahler verbunden, obwohl sein Schaffen in der Orgel, dem Klavier und der Kammermusik mehr wurzelte als im Orchester und obwohl er keine literarischen Inhalte komponierte wie Strauss und keine Vokalmusik in die Symphonie einbezog wie Mahler. Er interessierte sich lebhaft für die Werke Arnold Schönbergs bis 1907, und ohne daß die beiden Männer sich je begegnet wären, erwiderte der ein Jahr jüngere Schönberg dieses Interesse mit Bewunderung. In seiner Harmonielehre nennt er Reger einen der großen Meister unserer Zeit neben Strauss, Mahler und Pfitzner. In dem letzten von ihm vollendeten Buch, den »Structural Functions of Harmony« von 1939 zitiert er eine lange Stelle aus dem Violinkonzert als Beispiel erweiterter Tonalität und bemerkte dazu: »Die Musik von Reger, wie die von Bruckner und Mahler, ist außerhalb Deutschlands wenig bekannt. Und doch ist seine Musik reich und neu dadurch, daß er Wagners Errungenschaften auf dem Gebiete der Harmonie auf absolute Musik anwendete. Wagner hatte sie zum Zweck dramatischen Ausdrucks erfunden, und darum rief die andere Verwendung seiner Mittel eine geradezu ›revolutionäre‹ Bewegung unter seinen Nachfolgern hervor«. Auf Regers Scherzosätze weist Schönberg in den posthum veröffentlichten »Fundamentals of Musical Composition« hin.

In einem allerdings unterscheiden sich die beiden Meister. Reger hat auch in den kühnsten Konsequenzen seiner alterierten und chromatischen Harmonik niemals den Boden der Tonalität verlassen. In seinem Buch »Die Komposition mit zwölf Tönen« zeigt Josef Rufer die wichtige Funktion, die Regers Musik neben der von Richard Strauss für die Entwicklung zwölftoniger Klangfelder hatte. Das gilt nicht nur für komplizierte Spätwerke, sondern auch für die »Schlichten Weisen« und die Klaviersonatinen. Als aber Schönberg 1908 die Tonart liquidierte und das praktizierte, was er »Emanzipation der Dissonanz« genannt hat, zog sich Reger völlig von ihm zurück und lehnte seine neue Musik als anarchisch und absurd ab. Schönberg, den das tief schmerzte, hat ihm die Treue gehalten. In dem von ihm 1918 gegründeten Wiener Verein für musikalische Privataufführungen hat er nicht weniger als 43 Werke Regers probiert und mit der dort üblichen akribischen Vollendung aufgeführt, darunter die Variationen über Themen von Bach, Beethoven, Hiller und Mozart, die C-Dur-Violinsonate, das a-Moll-Streichtrio und das e-Moll-Klaviertrio, die »Romantische Suite« in einer Bearbeitung für Kammerorchester und das Klarinettenquintett op. 146, Regers letztes Werk. Und als sein Schwager Alexander v. Zemlinsky 1922 in Prag die Tätigkeit des 1921 aufgelösten Wiener Vereins fortsetzte, schrieb ihm Schönberg: »Reger muß meines Erachtens viel gebracht werden; 1. weil er viel geschrieben hat; 2. weil er schon tot ist und man noch immer nicht Klarheit über ihn besitzt. (Ich halte ihn für ein Genie).«

Diese hohe Einschätzung steht in einem scharfen Gegensatz zu dem Urteil eines etwas jüngeren Zeitgenossen, des Philosophen Ernst Bloch. In seinem 1918 erschienen ersten

großen Werk, »Der Geist der Utopie« heißt ein Kapitel »Philosophie der Musik«. Da liest man über Reger das grausam-ungerechte Wort: »Leeres, gefährliches Können und eine Lüge dazu«. Was mag den musikkundigen, mit Wagners Werk tief vertrauten Denker zu dieser pauschalen Ablehnung veranlaßt haben?

Kein Zweifel: es war der Typus, der ihn abstieß. Und hier ist es nötig, über den Menschen Reger zu sprechen. Ich habe ihn als Gymnasiast in Magdeburg 1915 gehört, und zwar als Klavierspieler und als Dirigenten. Der Eindruck der Persönlichkeit war unvergeßlich, wenn auch nicht in allem erfreulich. Er war von riesenhafter Leibesfülle, 1,89 Meter groß, und das Gesicht mit dem sinnlichen Mund stand im wunderlichsten Gegensatz zu seiner Empfindsamkeit. Sein Klavierspiel war wie ein Naturereignis. Man kennt das aufgeregte, oszillogrammartige Bild seiner Partituren mit dem oft sprunghaften Wechsel zwischen vierfachem Fortissimo und vierfachem Pianissimo. Genau so ebbte sein Spiel von donnernden Kaskaden und vulkanischen Ausbrüchen ab zu einem geisterhaften, romantisch wispernden Klang an der Grenze des Verstummens. Nur bei Anton von Webern gibt es noch solche Stille. Am Pult gab Reger zuverlässige Handzeichen, doch mitten in einem klanglichen Höhenflug führte er bisweilen jäh und wie zu Tode erschrocken die linke Hand an den Mund, und sein mächtiger Körper schrumpfte bizarr in sich zusammen.

In die Wiesbadener Jahre fiel seine einjährige Dienstzeit als Soldat. Reger absolvierte sie mit fanatischem Eifer und unerbittlichem Pflichtbewußtsein. Dabei überschätzte er, wie so oft im Leben, seine physischen Kräfte. Er holte sich bei den exzessiven Übungen ein Fußleiden und erkrankte an einer schweren Halsentzündung.

Die geniale Maßlosigkeit, die seine Musik mitunter kennzeichnet, herrscht in seinem Leben und aller seiner Arbeit. Aus seinen eigenen Briefen der Wiesbadener Zeit wissen wir, mit welcher rücksichtlosen Energie er sich seinen Arbeitsbürden hingab, den pflichtgemäßen als Lehrer und den selbst auferlegten als Komponist. Es kam vor, daß er an drei bis vier Tagen in der Woche seine erste richtige Mahlzeit abends um neun zu sich nahm. In vierzehn Tagen hat er einmal fünf Nächte durchgearbeitet, und zum Schlafen kam er oft genug nicht vor morgens um fünf.

Reger litt erblich wie sein Vater an einem krankhaften Durst. Aus dieser Veranlagung wurde er früh zum Alkoholiker, aber auch später, als die Ärzte ihm 1911 Bier, Wein und stärkere Getränke streng verboten hatten, nahm er oft drei und mehr Liter Flüssigkeit, meist Limonade, zu sich. Nicht geringer war sein Appetit. Darin glich er Händel, der in London die Kellner dadurch verwirrte, daß er für sich allein drei Portionen eines Gangs bestellt. Als Reger von Freunden eingeladen war, anläßlich eines Konzertes ein paar Tage bei ihnen zu wohnen und zu essen, fanden sie eines Morgens, nachdem er spät in der

Nacht von einer Gesellschaft gekommen war, einen großen Schinken bis auf den Knochen abgenagt.

Ich erwähne diese Dinge nicht als Kuriosa und zur Ausschmückung des Bildes, sondern weil sie konstitutionell zu Regers Wesen gehören. Sie haben zwar leider sein Leben verkürzt, indem sie die ererbte Schwäche von Kreislauf und Herz förderten. Aber sie haben auch ihre Spur in seinem Werk hinterlassen, und zwar nicht nur quantitativ, sondern auch qualitativ. Die ungeheure Ausdrucksspanne der Regerschen Musik ist ohne die exzessive Dynamik seiner Tonsprache nicht vorstellbar, und natürlich hängt auch der kolossale Umfang der Einzelwerke wie der ganzen Produktion damit eng zusammen. Eine Sinfonietta zu schreiben und sie zu einer Spieldauer von dreiviertel Stunden anschwellen zu lassen, die später das einstündige Violinkonzert noch übertroffen hat – das ist ohne diese physisch-psychische Veranlagung nicht möglich. Die exzessive Länge mancher Werke, wie z. B. der großartigen Hiller-Variationen, die 70 Minuten beanspruchen, hat sicherlich ihrer Verbreitung im Weg gestanden, wogegen die nur 33 Minuten langen Mozartvariationen sich im Repertoire halten.

In den Wiesbadener Jahren begegnete Reger seiner späteren Frau Elsa, die er 1902 nach ihrer Scheidung aus erster Ehe heiratete. Diese im Ganzen glückliche Verbindung brachte Gleichgewicht und eine gewisse notwendige Kontrolle in sein Leben, konnte aber doch nicht die volle Ordnung seines seelischen und körperlichen Zustandes herstellen. Die merkwürdige Mischung von hohem geistigen Anspruch und literarischer Nachsicht in den Liedertexten, einerseits zwischen philosophischen Interessen, die seine Freunde Rudolf Eucken und Ernst Haeckel förderten, und andererseits deftigem Humor und nicht immer salonfähiger Sprache hat seine Bewunderer oft irritiert. Regers Witze beruhten in den harmlosen Fällen oft auf Wortspielen, die mit seiner sprachlichen Verspieltheit zusammenhängen. So, wenn er vor einem Konzert in Dessau sagte, er fahre nach Cis-Schwein, wobei Des enharmonisch in Cis, die Sau zum Schwein verwandelt wurde. Über dumme Kritiker konnte er sich herzlich ärgern. Einmal spielte er als Solist eines Orchesterkonzerts ein Klavierkonzert von Beethoven. In der Kritik stand eine abfällige Bemerkung über die Kadenz, die der Rezensent für Regers Arbeit hielt. Er

bekam eine von Beethoven im Elysium geschriebene Postkarte mit dem lapidaren Satz: »Die Kadenz, die Reger spielte, war von mir.«

Regers wachsender Ruhm als Dirigent brachte ihm 1911 die Berufung als Leiter der Hofkapelle des Herzogs Georg II. von Sachsen-Meiningen, desselben Orchesters, mit dem früher Hans von Bülow für Brahms und den jungen Strauss gewirkt hatte. Reger setzte sich in dieser Tätigkeit als einer der ersten in Deutschland neben Strauss für Claude Debussy ein, dessen »Prélude à l'après-midi d'un faune« er besonders liebte. Die intensive Beschäftigung mit Debussys Partituren übte auf den reifen Reger einen bemerkenswerten Einfluß aus. Er schrieb ziemlich kurz hintereinander drei Orchesterwerke, die seinen Stil auf impressionistische Weise bereichert und aufgelockert zeigen: die »Romantische Suite« op. 125, die »Vier Tondichtungen nach Arnold Böcklin« op. 128 und die Ballettsuite op. 130. In dem Notturno der »Romantischen Suite« ist Debussys Nachwirkung, namentlich die der »Trois Nocturnes«, evident. Es gehörte zu den Überraschungen der Pariser Debussy-Kongresse 1962, als ich den französischen Kollegen den Anfang des Stücks mit den Ganztonakkorden, den parallel geführten großen Terzen, den synkopierten Akkorden, den Farben der gedämpften Streicher und Hörner vorführte. Ich frage mich, wie Regers Tonsprache sich weiter entwickelt hätte, wäre er nicht schon mit 43 Jahren aus dem Leben abberufen worden. Denn die Wandlung seines Stils, auch in der Böcklinsuite und an ein paar Stellen der duftigen Ballettsuite, ist unverkennbar und hätte Konsequenzen nach sich ziehen müssen, die vielleicht auch seine Haltung zur Tonalität beeinflußt haben könnten.

Reger hat eine große Anzahl von Schülern zu ausgezeichneten Musikern herangebildet, darunter Joseph Haas, Guido Bagier, Hermann Grabner, Franz von Hoeßlin, Fritz Stein und Georg Széll. Seine Mittlerrolle zwischen gestern und morgen verkörpert vor allen anderen der Ungar Alexander Jemnitz, der nach Regers Tod zu Schönberg ging, ein Musiker, der sich früh von der Tonalität löste und den Hyper-Chromatizismus seines Lehrers Reger ähnlich wie dieser mit streng polyphonem Denken kombinierte. Grabner setzte Regers Lehre vor allem theoretisch fort und hat über die Harmonik seines Lehrers eine wichtige Schrift veröffentlicht. Bagier ist als Reger-Biograph beachtenswert, weil er seine Verbindungen mit der Musik nach ihm untersucht und mit Komponisten wie Schönberg und Paul Hindemith über ihn gesprochen hat. Schönberg sagte zu Bagier, daß die kleine Regersche Schrift »Beiträge zur Modulationslehre« ihn stark beeindruckt habe. Sie ist in der Tat ein erstaunliches Dokument und wohl das überzeugendste Manifest seiner Stellung zwischen gestern und morgen, das wir neben seiner Musik besitzen. Von Riemanns Funktionslehre ausgehend, auf Enharmonik geflissentlich verzichtend, hat Reger die Welt zwischen den Tonarten auf neue Art untersucht. Seine Modulationsbeispiele zeigen die Wege radikal verkürzt, und das Ohr des Lesers muß sich beeilen, den Umdeutungen der vier Akkorde zu folgen, die von C-Dur nach Fis-Dur, also der entferntesten Tonart führen.

Hindemith hat zu Bagier gesagt, er verdanke Reger mehr als Bach. Er ist in seiner Jugend als Bratschist des Amarquartetts und dessen führende geistige Kraft ebenso für Reger eingetreten wie viel später als Dirigent für die Orchesterwerke. Unter den Quartetten, die Hindemith besonders liebte, war ihm das in Es-Dur op. 109, das 1909 entstanden ist, besonders teuer.

Die letzten Lebensjahre brachten in Regers rastloses Leben eine gewisse Beruhigung. Durch die anstrengende Reisetätigkeit mit dem Meininger Orchester wurde sein Herz überbeansprucht; im März 1914 erlitt er einen Schlaganfall, dessen Folgen nur langsam überwunden wurden. Er gab die Dirigentenarbeit auf, kaufte in Jena ein Haus, das er nach seinem Geschmack einrichtete, und verbrachte dort den Rest seines Erdendaseins.

Eine Reihe großer Werke sind Früchte dieses kurzen Lebensabends, darunter die Mozartvariationen und die Telemannvariationen, etwas Kammer- und Volksmusik, die »Vaterländische Ouvertüre«. Der Schaffenstrom endet mit dem Klarinettenquintett op. 146, diesem zarten, am Schluß gleichsam verstummenden Bild in Pastellfarben.

Den Tod in Leipzig am 11. Mai 1916 hat Karl Straube in einem Brief an Wilibald Gurlitt geschildert: »Ich bin der letzte gewesen, mit dem er gesprochen. Am Abend des 10. war er eingeladen in der Familie von C. F. Peters, denselben Abend erwartete er mich nach der Bachvereins-Probe im Kaffee Hannes. Als ich gegen elf Uhr dorthin kam, war er schon schwer krank. Die Freunde hatten nach einem Arzt gesandt. Reger klagte über Schmerzen in der Magengrube. Der Arzt stellte Diagnose auf Gallensteinkolik und gab eine Morphiuminjektion. Ich brachte Reger in sein Hotel. Von irgendeiner alkoholischen Beeinflussung war nicht die Rede. Reger war völlig nüchtern. Im Hotel habe ich Reger ausgezogen und ins Bett gelegt. Er war müde und geistig völlig klar. Meinen Vorschlag, bei ihm zu bleiben, lehnte er ab, wollte dagegen Zeitungen lesen. Ich verließ ihn etwa dreiviertel zwölf in der Nacht, um am anderen Morgen die Nachricht seines Todes zu erhalten. Den Ausdruck seines Gesichts im Tode werde ich nie vergessen. Es ist das Momumentalste, was ich je auf einem Menschenantlitz gesehen habe. Auf dem Wege in das unbekannte Land muß er gewaltige Erscheinungen gesehen haben, und vielleicht hat er mit seinem Gotte selber geheimnisvolle Gespräche geführt über Sinn und Ziel des Lebens, und Gott hat ihn erkannt als einen getreuen Knecht«.

Regers Werk liegt wie ein erratischer Block in der Landschaft der deutschen Musik. In seinem üppig wuchernden Klang scheinen viele einander oft widersprechende Stile sich zu vereinen. Die Formenwelt von gestern und die harmonische, melodische, rhythmische Sprache von morgen führen eine paradoxe Ehe in dieser Kunst. Aber jeder Takt trägt unverwechselbar die Züge seines Urhebers.

Ein reiches Leben

Richard Strauss

Ein himmelstürmender Jüngling, kämpferisch und jubelnd
der Zukunft entgegen, mit dem Optimismus des Pioniers
allem kulturmüden Weltschmerz trotzend – so hebt sich mit
den ersten Erfolgen seiner sinfonischen Dichtungen das Bild
des Komponisten Richard Strauss von dem Hintergrund seiner Zeit, seines Milieus ab. Sechs Jahre nach Wagners Tod,
1889, stößt wie ein Heroldsruf das Hornthema des »Don Juan«
in die Welt der Epigonen. Entsetzt warnt Eduard Hanslick in
Wien vor dem »stammelnden Tonrausch«, vor dem »Talent für
falsche Musik«. Zu spät, Strauss steht da für seine Generation.
Fünfundzwanzigjährig, hat er gefunden, um was sie ringt: den
neuen Stil des musikalischen Naturalismus, die Erweiterung
der Lisztschen Programmsymphonik, die neudeutsche Utopie, die klanggewordene Verkörperung des »Kühnen«. Fast
alles an dieser Musik wird als neu, revolutionär, »falsch« und

Kohlezeichnung von Ferdinand Schmutzer

gefährlich empfunden: ihre weitbogige Thematik, ihr federndes, über den Taktstrich hinausgreifendes Metrum, ihre sprunghafte Harmonik, die Leuchtkraft ihrer Orchesterfarben. Strauss spürt den Erfolg, die Resonanz, die er bei der Phalanx der fortschrittlichen Intelligenzia findet, aber auch die energische Abwehr, die das konservative Akademikertum ihm entgegensetzt. Er beginnt den Kampf, der, mit federndem Florett geführt, ihm Sieg auf Sieg einträgt. »Macbeth« und »Tod und Verklärung« heißen die nächsten Etappen. Und dann, 1895, kommt der ganz große Wurf: »Till Eulenspiegels lustige Streiche«, das geniale Rondo, das noch heute die Konzertsäle der Welt beherrscht. »Zarathustra«, der artistisch vollendete »Don Quixote«, das fragwürdige »Heldenleben« und die »Sinfonia Domestica« suchen das Genre zu erweitern; doch in der »Alpensymphonie« ist nur äußerlich ein Gipfel erreicht, der den Endpunkt auf diesem Weg kennzeichnet. Längst hat Strauss den fruchtbareren, lockenderen Weg beschritten. Das Theater ruft ihn.

Der »Guntram« ist nur Parsifal-Nachklang. Aber in der »Feuersnot« klingt ein eigener Ton verspielter Kraft und gutgelaunten Raffinements. Dann, 1905, reißt die »Salome« angelweit die Tore eines neuen musikdramatischen Stils auf. Sie ist klanglich das Gewagteste, was selbst Strauss zu Notenpapier gebracht hat, entscheidender Sturmlauf gegen die Bastionen der Tonalität, rebellische Zerfaserung des Rhythmischen und des Rezitativs, rücksichtslose Akkumulation aller dramaturgischen und musikalischen Spannungen, die sich aus der Vertonung des Oscar Wildeschen Textes ergaben. Diese Tonsprache mußte als Blasphemie oder als Offenbarung wirken. In der Wiener Premiere saßen nebeneinander Puccini, Schönberg und Zemlinsky, halb erschreckt, halb beseligt bei jedem akkordischen Wagnis, mit Mühe auf ihren Plätzen aushaltend. In Mailand prügelten sich die drei Brüder de Sabata nach der Erstaufführung fast zu Tode vor Begeisterung.

Die »Elektra« denkt diesen spasmodischen Espressivostil zu Ende. Sie hat Strauss mit Hugo v. Hofmannsthal zusammengeführt. Diese Partnerschaft sollte ein Kapitel neuer Operngeschichte bauen. Höchste literarische Kultur im Bunde mit der avanciertesten, kühnsten Musik des Jahrhunderts – das Ergebnis mußte außerordentlich sein. Aber Strauss selbst empfindet

»Ein Heldenleben« – erste Seite des Autographs

die »Elektra« mit ihrer bis an die Grenzen der Hysterie getriebenen Dramatik als einen Schlußpunkt. Sie bringt sein Schaffen zur Krise. Die Ergebnisse eines überdifferenzierten Kunstverstands, einer ästhetischen Haltung, die das Unerhörte und Ungesagte anstrebt, sind auf die Spitze getrieben. Mag eine andere Generation sie auswerten. Strauss ist zu vital, im Kern zu lebensfroh und realdenkend, um nicht auf breitere Wirkung zu sinnen. Hofmannsthal liefert ihm die Komödie, die seiner bajuwarischen Musizierlust ideal entgegenkommt. Im »Rosenkavalier« gelingt den beiden das legitime musikalische Lustspiel der Epoche, ein Werk, so zart und tief, so voll psychologischer Verfeinerung und echt dramatischer Polarität von Lust und Schmerz, von jugendlichem Ungestüm und herbstlicher Resignation, daß des Erfolgs kein Ende ist. Und hier zum erstenmal fließen die beiden Quellen zusammen, die immer mehr den Fluß der Straussischen Inspiration speisen sollten: Wagner und Mozart. Zum »Figaro« einerseits, zu den »Meistersingern« andererseits führen die Wurzeln zurück, aus denen Buch und Musik wachsen; im Octavian lebt die pagenhafte Sinnenfreude Cherubins, in der Marschallin der edle Verzicht Hans Sachsens neu und in vertiefter Form wieder auf.

Viele Jahre später beschließt ein Geschwisterwerk des »Rosenkavalier« die funkelnde Kette der Opern, die Hofmannsthal und Strauss zusammen geschrieben, in denen ihre so verschieden gearteten Geister und Kulturen sich zur Einheit verstanden haben: es ist ein Wiener Sujet hier wie dort, aber ins problematischere Licht des 19. Jahrhunderts gerückt, mit einer Mädchenfigur von unnennbarem Liebreiz als Hauptrolle – »Arabella«. Dazwischen entsteht, seltsame Überwucherung einer musikalischen Fassung von Molières »Bürger als Edelmann«, das Juwel der »Ariadne auf Naxos«, eine Oper über die Oper, genauer gesagt: über den scheinbaren Zwiespalt von Seria und Buffa, der hier einer höheren Synthese weicht. Und da ist das Schmerzenskind der Zusammenarbeit, die dunkelsymbolistische »Frau ohne Schatten«, deren Mißerfolg Strauss nie ganz verwindet. Auch die »Ägyptische Helena« bleibt ihm den großen Erfolg schuldig, und die »Josephs-Legende«, in der noch Harry Graf Keßler als dritter Autor hinzutritt, mehrt seinen Ruhm sowenig wie später das unselige »Schlagobers«. Nur einmal in den zwei Jahrzehnten glücklichen, oft eifervollen und zornigen Zusammenwirkens, Pläneschmiedens, Pläneverwerfens und -wiederaufnehmens mit Hofmannsthal, dessen Phasen der berühmte Briefwechsel spiegelt, versucht sich Strauss selbst als Librettist. Aber das »Intermezzo«, das ihn selbst, seine Frau, seine Freunde, seine kleinen und großen Musikfreuden auf die Szene stellt, hat nicht viel mehr als den Reiz der Kuriosität, den es mit der »Sinfonia Domestica« teilt.

Hofmannsthals Tod reißt eine Lücke, die nie ganz geschlossen wird. Noch glückt einem Dichter von ähnlich hoher Kultur und österreichischer Geistesart, Stefan Zweig, in der »Schweigsamen Frau« ein Libretto, an der sich Straussens Komödiensinn erwärmt; aber dies Meisterwerk verfällt 1935, gleich nach der Uraufführung, dem Verbot durch die Goebbelsschen Kultur-Schergen. Mit Joseph Gregor, dem Wiener Theaterhistoriker, arbeitet er zwei kürzere Werke: »Daphne« und »Friedenstag«. Aber es ist nur Nachklang der großen Partnerschaft. Selbst das »Capriccio«, in mancher Hinsicht eine der vollkommensten Strauss-Partituren, reflektiert nur die »Ariadne«-Problematik auf der höheren Ebene der Altersmeisterschaft. Strauss' letzte Oper »Die Liebe der Danae«, hat ihre Lebensfähigkeit nicht erweisen können. Das Libretto ist von Joseph Gregor nach einer Idee Hofmannsthals geschrieben, die auch Wolf v. Niebelschütz in seinem Roman »Der blaue Kammerherr« verwendet hat.

Die späten Lebensjahre schließen an die Anfänge, die Zeit der frühen Kammermusiken und symphonischen Versuche an. Ein Oboenkonzert, ein Hornkonzert und die verfeinerte Pathetik der »Metamorphosen« für 23 Solostreicher zeugen von der nicht versiegenden Phantasie eines Meisters, dem die Arbeit zeitlebens ein schönes Spiel gewesen ist. »Je ne travaille jamais, je m'amuse«, das Wort Maillols, das der Züricher Strauss-Enthusiast Willy Schuh auf ihn anwendet, ist kennzeichnend für die apollinische Leichtigkeit, mit der das gewaltige Lebenswerk zustande gekommen ist.

Als ein großer, genial veranlagter Repräsentant des europäischen Weltbürgertums um 1900 hat Strauss sich sein Publikum unterworfen. Die Musiksprache seiner Zeit ist ohne ihn nicht zu denken, sein Einfluß auch dort dominierend, wo nationale Widerstände ihm begegnen. Er ist mit Claude Debussy der große Bahnbrecher der Generation gewesen, in deren Leistung sich das Erbe des 19. Jahrhunderts vollendet. Was nach ihm kam, die neue Musik Schönbergs, Strawinskys und Hindemiths, mußte er ablehnen. Vieles von seiner Musik ist verblaßt, als ihr Schwung, ihre mitunter zu sichere Attitüde den Reiz der Neuheit verlor: die einst so viel gesungenen Lieder, manche der sinfonischen Dichtungen. Aber einiges wird bleiben, wird zum Bestand der Weltmusik gehören und dem Namen Richard Strauss den verlängerten Ruhm verleihen, den wir mit etwas Übertreibung Unsterblichkeit nennen.

Das gestörte Idyll
Richard Strauss

Auch als er fast ohne Rivalen die Musik seiner Zeit präsentierte, war das Urteil über Richard Strauss durch Skepsis und Mißverständnis getrübt. Die Geste des jünglinghaften Siegers, mit der er auftrat, ließ ihn wilhelminisch erscheinen; 1888, als Wilhelm II. Kaiser wurde, entstand »Don Juan«. Hört man genauer hin, das Hornthema in strahlendem C-Dur mit dem unwiderstehlichen Oktavsprung vergessend, so ist der Sieg fragwürdig. Strauss folgte dem Zeitgeist, als er seinen »Macbeth« mit dem Triumphmarsch Macduffs enden ließ. Hans von Bülow, sein wichtigster Förderer, machte ihm klar, wie sehr das gegen Shakespeare war. Erst dann bekam die Ton-

Strauss dirigiert – Lithographie von Eugen Spiro

dichtung den düsteren Schluß. Romain Rolland, ein früher Bewunderer des Strauss'schen Genius, vernahm besser als die deutschen Zeitgenossen manche Untertöne in seiner Musik. Die Skepsis, die sie auslöste, liegt in ihr. Depression, manische Niedergeschlagenheit, Selbstzweifel lauern hinter der Gelassenheit des Grandseigneurs, des souveränen Großbürgers. Ja, der Sieg als solcher bewirkt Unruhe und Unbehagen. »Warum habe ich gesiegt?« lautet die Formel, die Rolland im Verhalten dieser ganzen deutschen Intelligenzia nach 1871 spürt. Keiner, auch Gerhart Hauptmann nicht, gibt ihr suggestiveren Ausdruck als Strauss. Man höre doch die Schlüsse der symphonischen Dichtungen von »Macbeth« bis zum »Heldenleben« – wo sind da die Triumphe? Bestenfalls bleibt das Idyll; hat man dafür gekämpft?

Tatsächlich wird das Idyll, mit der bayerischen Generalstochter Pauline, geb. de Ahna, der palisadenumhegten Garmischer Villa im Jugendstil, dem Söhnchen Franz, den abendlichen Skatpartnern und dem sehr geliebten und sorgfältig gemehrten Wohlstand, zum Refugium des Genies. Strauss, der Deutsche, konnte im grauen nordischen Winter nicht arbeiten. Jugendreisen nach Griechenland, Ägypten und Sizilien, die ihm die Lunge kurieren sollten (und für die ihm die reichen Brauer Pschorr, die Familie der Mutter, Geld gaben) erfüllten ihn lebenslang mit Goethescher Südsehnsucht. Aus dem klassisch-romantischen Idyll des Vaterhauses nahm er die Erziehung mit. Sie war antiwagnerisch und bayerischkonservativ. Dann bricht der »Tristan«-Rausch in die Spannungen der Pubertät. Das Idyll wird gestört, das Gebäude väterlicher Tradition wankt. Strauss wird zum Modernisten, Anhänger der Zukunftsmusik, der Neudeutschen Schule, der Programmusik. Liszt, Wagner und der Freund Alexander Ritter weisen ihm den Weg des Zweifels, der lädierten Harmonie.

Wie sehr diese neue Tonsprache ihre Zeitgenossen schokkierte, bezeugt ein Brief Peter Tschaikowskys vom 24. Januar 1888: »In Berlin hörte ich ein Werk des neuen deutschen Genies Richard Strauss ... Meiner Ansicht nach gab es noch nie eine empörendere und anspruchsvollere Talentlosigkeit.« Klingt das nicht genau wie Schostakowitsch'»Prawda«-Ausfall gegen die Zwölftöner? Und dabei ging es um das harmlose »Aus Italien«!

Kein Zweifel, das Idyll war gestört, blieb aber Ziel der Sehnsüchte. Ein Lied wie »Traum durch die Dämmerung« sagt darüber Gültigeres und Haltbareres als der angespannte Bizeps des »Helden«, Guntrams zertrümmerte Laute oder der rüstige Bergsteiger der »Alpensymphonie«. Kaum ein Strauss-Werk, das nicht strotzte von Einfall, von Potenz, bis zur »Elektra« 1908 von Trouvaillen, die er dann allerdings, vor den eigenen Kühnheiten erschreckend, der Schönberg-Generation überließ.

Strauss hat in die neuere Musik das Autodafé der freiwilligen Selbstkorrektur eingeführt, als er mit dem »Rosenkavalier« den Weg in die Terra incognita des neuen Klangs, der Dissonanz, der gestörten Dur- und Moll-Tonalität für immer aufgab. Ähnlich haben sich später der »musicien français« Debussy, der klassizistische Strawinsky, der pädagogisierte Hindemith, der gemaßregelte Schostakowitsch von ihrer Jugend distanziert. Strauss war der erste; damals gehörte die Courage des Individualisten dazu. In die Geschichte dürfte er als der große Individualist eingehen, als ein geflissentlich Einsamer, der doch die Außenwelt für den Erfolg brauchte. Strauss hat aus dem 19. Jahrhundert den Glauben an die Autonomie der Kunst übernommen, der ihm, dem Dissidenten, Religion ersetzte. Seine literarischen Bindungen, in Liedertexten von Dehmel, Bierbaum, Liliencron, John Henry Mackay, Karl Henckell und Hermann Hesse, in Libretti von Ernst von Wolzogen, Oscar Wilde und Hugo von Hofmannsthal manifestiert, zeigen den besseren Geschmack der Generation vor 1914. Auch in ihnen grollen Störungen des Idylls, wie sie folgenreicher Nietzsches Philosophie betreibt. Daß auf den jungen Strauss Max Stirners Anarchismus stark gewirkt hat, verträgt sich gut mit dem Bild seiner Kunst wie mit dem einer Verlegerfeindschaft, die sich als gemeinsam invektive Formung mit Alfred Kerr im »Krämerspiegel« Luft machte. Bei allem Solipsismus fand und wirkte er im Sinne der Zunftgenossen, als er früh und anhaltend für Komponistenrechte eintrat. Sein realistisches Denken, seine »matter of fact«-Anschauung erkannten den Musikerberuf als Glied in einer Kette wirtschaftlicher Bindungen und Chancen, die er zeit seines Lebens genutzt hat, um doch nach 1945 jahrelang mittellos in der Schweiz zu leben. Die Hitler-Zeit überstand er als Skeptiker, doch nicht als

Kämpfer. Erst als sein privates Garmischer Idyll bedroht war, rebellierte er freimütig. Sein Spätwerk zeigt einen Moment der Ergriffenheit, die sonst bei ihm selten ist: die tragische Stimmung der »Metamorphosen«, aus denen, wie Abschied, der Trauermarsch der Beethovenschen Eroica hervorgeht. Der letzte Text, den Strauss komponiert hat, ist Hesses »September« mit den Schlußworten: »Sommer lächelt erstaunt und matt in den sterbenden Gartentraum. Lange noch bei den Rosen bleibt er stehen, sehnt sich nach Ruhe. Langsam tut er die müd gewordenen Augen zu.« D-Dur. Vierviertel. Die Ruhe, das Idyll war wiederhergestellt. Doch weiter, über das 85jährige Leben des Mannes hinweg, wirkt die Unruhe, die er ihm für kurze Zeit zugeführt hatte.

Alles über »Salome«
Richard Strauss

Über die Dynastie der Herodäer gab es zu reden viel Anlaß,
seit der Tetrarch Herodes Antipas seine Nichte entführt hatte,
die obendrein mit seinem Halbbruder verheiratet war. Die
Dame, rachsüchtigen Naturells, hieß Herodias. Sie hatte eine

Titel der Erstausgabe – Farblithographie von Max Tiltz (1906)

hübsche, zum Tanz begabte Tochter namens Salome, was auf Deutsch die Friedfertige heißt.

Der skandalöse Vorfall, durch den ihr sanfter Name berühmt wurde, hat drei Geschichtsschreiber bewegt: den Matthäus, den Markus und Joseph ben Mathitjahu, die ihn übereinstimmend schildern. Glaubt man ihnen, so hätte Herodes Antipas an seinem Geburtstag hohe Gäste geladen, vor denen Salome besonders graziös getanzt habe. Als der Tetrarch fragte, was sie sich als Belohnung wünsche, sei sie zur Mutter gegangen, sich Rat zu holen. Herodias suchte längst die Gelegenheit, einen ihr tödlich verhaßten Gefangenen zu liquidieren, weil er die Frechheit gehabt hatte, dem Herodes sein sündiges Konkubinat mit ihr vorzuwerfen. Und so gab sie der schlankfüßigen Tochter den Rat, sich sein abgehauenes Haupt auf einer Schüssel zu wünschen.

Die Bitte war dem Tetrarchen peinlich, weil er den Gefangenen, Johannes den Täufer, als heiligen Mann fürchtete. Aber was sollte er angesichts der hohen Gäste tun? Salome bekam, was Herodias wollte, und reichte das blutrünstige Honorar an die Mutter weiter.

So die Geschichtsschreiber. Aber man munkelte auch anders. Es dauerte immerhin noch rund eintausendsechshundert Jahre, bis Gustave Flaubert in den »Trois Contes« die Angelegenheit anders beleuchtete. Nach seiner »Hérodias« war Salome eine durch und durch lasterhafte Person, die den blutenden Kopf als Lustobjekt wünschte, ein junges Ungeheuer an Perversität.

In dieses Bild einer sadistischen Prinzessin vernarrte sich der irische Dichter Oscar Wilde. In dem Bewußtsein, daß gewisse Dinge sich nur in Flauberts Sprache sagen lassen, schrieb er 1891 in Paris ein französisches Drama »Salomé«. Wilde ließ sich zudem noch von einem zweiten Meisterwerk der französischen Dekadenz inspirieren: von Joris Karl Huysmans Roman »A rebours«.

Das Stück machte Sensation, im guten wie im schlechten Sinne. Es wurde und blieb jahrzehntelang in England verboten. In Deutschland gehörte es seit der Breslauer Premiere 1901 zu den meistgegebenen modernen Schauspielen. Gertrud Eysoldt spielte die Titelrolle in der Berliner Inszenierung Max Reinhardts. Richard Strauss, damals 38 Jahre alt und Kapellmeister an der königlichen Hofoper, traf im November 1902 in einer der Aufführungen den Cellisten Heinrich Grünfeld, der meinte: »Das wäre doch ein Opernstoff für Sie.« Er antwortete: »Bin bereits beim Komponieren.«

Ganz so einfach ging es allerdings nicht. Das Libretto eines Wiener Schriftstellers, Anton Lindner, wurde verworfen. Dann entschloß sich Strauss, die ausgezeichnete deutsche Übersetzung von Hedwig Lachmann ohne wesentliche Veränderungen zu vertonen. Ein paar Nebenfiguren und Dialoge nur wurden ausgelassen. Im Juni 1905 war die Partitur fertig; am 9. Dezember fand in Dresden die Uraufführung statt.

Auch sie, ohne Pause in weniger als zwei Stunden abrollend, wirkte sensationell. Viele entsetzten sich über den Text. Den Habitués der Oper war das Stück musikalisch völlig fremd. Tatsächlich tönte aus dem mit 102 Mann besetzten Orchester (der Dirigent, Ernst von Schuch, ist auf dem Premierenzettel nicht einmal genannt!) eine Klangwelt, die allen Regeln, aller »Tradition« zu spotten schien. Strauss spricht selbst von »Kadenzen wie Changeant-Seide«. Die Tonalität war auf weite Strecken aufgehoben oder bitonal verdoppelt; Gegenrhythmen und häufiger Taktwechsel ließen jeden Schwerpunkt vermissen. Aber die Wirkung war nicht zu leugnen; zehn Bühnen wagten sich sofort daran, und in Breslau kam der durchschlagende Erfolg. Strauss konnte sich bald von den »Salome«-Tantiemen seine Villa in Garmisch bauen.

Szene aus der Uraufführung in Dresden (1905)

211

Karikatur aus Paris (1907)

Emmy Destinn als Salome Théâtre du Chatelet, Paris (1907)

Trotzdem machte das Stück ihm viele Sorgen. In Berlin durfte es (wie später der »Rosenkavalier«) nicht ohne eine kleine Veränderung gespielt werden. Der Kaiser selbst verbot die Aufführung, bis der Intendant Georg von Hülsen-Haeseler den Einfall hatte, am Schluß als christliches Symbol den Stern von Bethlehem aufgehen zu lassen. Dann allerdings wurde »Salome« in einer einzigen Saison fünfzigmal gegeben!

Schwieriger war es in den angelsächsischen Ländern. England wehrte sich bis in die dreißiger Jahre. In Amerika kam die Oper am 22. Januar 1907 heraus. Das Publikum im »Golden Horseshoe« der Metropolitan Opera war ebenso fassungslos wie die Presse. Das Direktionskomitee protestierte beim Direktor Heinrich Conried gegen weitere Aufführungen; am 27. Januar war das »lasterhafte« Werk schon abgesetzt. Auch in Boston wurde Vorsorge getroffen, daß die judäische Prinzessin kein Asylrecht bekam.

Aber es geschah noch Absurderes. Im Frühjahr 1907 hatte sich der südfranzösische Komponist Mariotte (1875–1944) an Strauss mit der Bitte gewandt, auch ihm die Aufführung einer

Oper nach Oscar Wildes »Salomé« zu gestatten. (Mariotte war damals Klavierprofessor am Konservatorium von Lyon, demselben Lyon, wohin im Jahre 39 n. Chr. Herodes Antipas durch den Kaiser Caligula verbannt wurde.) Strauss gab am 30. Mai 1907, unter Verzicht auf sein Exklusivrecht, Mariotte die Erlaubnis zur Aufführung. Aber 1908, als die zweite »Salome« in Lyon längst aufgeführt war, muß noch ein Aufsatz gegen Strauss erschienen sein, in dem behauptet wurde, er habe von Mariotte die Vernichtung des Opernmanuskripts verlangt. Im Berliner Tageblatt vom 30. Dezember 1908 stellte Leopold Schmidt den Sachverhalt richtig.

1909 glimmt das Feuer wieder auf. Strauss hat Unannehmlichkeiten mit seiner »Elektra«, die man als Plagiat nach einer italienischen »Cassandra«-Oper von Vittorio Gnecchi bezeichnet. In einem offenen Brief an Romain Rolland, seinen ergebenen französischen Freund, leugnet er jede Schuld, bestreitet er gleichzeitig, jemals die Unterdrückung von Mariottes »Salome« verlangt zu haben. Der Streit schließt unentschieden mit einem Brief Mariottes an Rolland, in dem der Lyoner Komponist behauptet, Strauss habe bei seinem Verleger Adolph Fürstner nicht die Erfüllung seines Versprechens und die Freigabe der französischen »Salome«-Oper durchgedrückt.

Sie ist tatsächlich in Deutschland nicht gespielt worden. Ob Machinationen des Verlegers dabei im Spiel waren, läßt sich heute kaum mehr feststellen. Aber da ohnehin nicht viele französische zeitgenössische Opern in Deutschland gegeben wurden, da selbst Claude Debussys »Pelléas« und Maurice Ravels »Spanische Stunde« hierzulande nur sehr langsam Fuß gefaßt haben, darf man annehmen, daß kein Unrecht begangen worden ist. Auch in Frankreich hat Mariottes Musik sich auf die Dauer nicht gehalten; heute ist sie von den Opernbühnen und Konzertsälen verschwunden. Die »Salome« von Strauss aber, mittlerweile auch in puritanischen Ländern mit Begeisterung aufgenommen, gehört noch immer zu den genialsten und erfolgreichsten Musikdramen des zwanzigsten Jahrhunderts.

Das dunkle Reich

Hans Pfitzner

Wenn der Psychologenbegriff der Ambivalenz je Wirklichkeit geworden ist, dann in der Person und geistigen Aura Hans Pfitzners. Umkämpft seit den frühen Äußerungen, bewundert, gehaßt und verachtet von Menschen, die ihn tendenziös mißverstanden, nahm er seinen bizarren Weg durch die neuere deutsche Geschichte. Um 1890 ein Modernist, dem man Dissonanzen und linearen Kontrapunkt so zornig verübelte wie seinen Kampfgenossen Strauss, Reger und Schönberg; Modernist auch in der Bewunderung Ibsens, rebellierte er zugleich gegen modischen Konformismus. Dem liberalen Denken stellte er eine national-konservative Gesinnung entgegen, die ihn zeitlebens in Konflikte mit herrschenden Ideen und Prinzipien der Staatsführung brachte. In ihm lebte eine grundsätzliche Sympathie für die Schwächeren, die zusammen mit einem galligen Temperament oft die absonderlichsten Früchte trug.

Fotografie (um 1910)

214

Er stammte aus einem Musikerhaus; Großvater und Vater
waren Instrumentalisten und Dirigenten. In Moskau, wo der
Vater eine Stellung als Geiger hatte, brachte ihn die deutsch-
russische Mutter am 5. Mai 1869 zur Welt. 1872 übersiedelte
die Familie nach Frankfurt, wo der jüngste von drei Geschwi-
stern 14 Jahre später mit dem Einjährigenzeugnis die Klinger-
schule verließ und das Hochsche Konservatorium bezog. Seine
vorzüglichen Lehrer waren Iwan Knorr (Theorie, Komposition) und James Kwast (Klavier). 1890 absolvierte er die Musikschule, als Komponist schon legitimiert durch vier Dutzend
Lieder, ein Orchester-Scherzo (das Ferruccio Busoni 1905 in
seinen Berliner Novitätenkonzerten brachte), die Cellosonate,
ein Chorwerk und Bühnenmusik zu Ibsens »Fest auf Solhaug«.
1893 lernte ihn Berlin als Dirigenten eigener Werke in der
Singakademie kennen. Dann wurde er Opern-Volontär in
Mainz, studierte nebenher bei Hugo Riemann in Wiesbaden
und erregte 1895 Aufsehen als Dirigent und Komponist bei der
Mainzer Uraufführung seiner Oper »Der arme Heinrich«. 1897
bis 1906 war er Lehrer am Sternschen Konservatorium, später
Dirigent am Theater des Westens in Berlin. Auf einer fluchtar-
tigen Reise fand in Canterbury die Trauung mit Mimi Kwast,
der Tochter des einstigen Lehrers, statt. In Berlin, wo seine
Beziehungen zu Richard Strauss begannen, schrieb er die
hochromantische »Rose vom Liebesgarten«, die nach der
Elberfelder Uraufführung 1901 Gustav Mahlers Neigung fand.
Mit ihm und seiner Frau Alma Maria entstand eine innige
Freundschaft.
Mahler brachte 1905 an der Wiener Hofoper die »Rose vom
Liebesgarten« heraus. Durch ihn trat er Arnold Schönberg
nahe, der ihn in der »Harmonielehre« 1911 (im Zusammenhang mit Ganztonleiter und Quartenakkorden) einen der
»großen Meister unserer Zeit« neben Mahler, Strauss, Reger
und Debussy nennt. Der junge Anton v. Webern wollte 1904
sein Kompositionsschüler werden, ging aber dann zu Schönberg.
Eine Spielzeit lang, 1907-1908, leitete Pfitzner die Kaim-
Konzerte in München, wo er sich wohlfühlte. Doch Straßburg
bot ihm mit der Direktion des Konservatoriums und der Sym-
phoniekonzerte, 1910 auch der Oper die ersehnten führenden
Positionen. Hier wuchs sein Ruf als Dirigent, Komponist und

Karikatur von H. Lindloff (1912)

Schriftsteller. Die Universität schenkte ihm den Doktorhut und den Professortitel, den er mit Stolz trug.

Im Weltkrieg entstand als Meisterwerk und Dokument geflissentlicher Abwendung vom »weltlichen Treiben« die musikalische Legende »Palestrina«; daneben allerdings auch die skandalöse »Futuristengefahr« gegen Busonis »Entwurf einer neuen Ästhetik der Tonkunst«. In Oper und Konzert hat Pfitzner nicht nur die Klassiker, die von ihm bewunderteten deutschen Romantiker (gelegentlich auch als Regisseur) und den frühen Verdi herausgebracht, sondern schon 1912 Strauss' »Rosenkavalier« und das »Heldenleben«. Ein Besuch Schönbergs, den er einlud, eigene Werke zu dirigieren, zerschlug sich.

1919 brach die deutsche Herrlichkeit in Straßburg zusammen. Pfitzner zog nach Unterschondorf am Ammersee. Dort hielt er auch die Meisterkurse für Komposition, die ihm 1920 Berlins Preußische Akademie der Künste anvertraute.

Bruno Walter hatte 1917 in München den »Palestrina« uraufgeführt. Schon als junger Musiker war er von dem »Armen Heinrich« tief berührt worden und hatte ihn Mahler empfohlen. Die spätere Freundschaft mit Pfitzner sollte alle Trennungen, auch die politischen, überdauern. Durch den »Palestrina« wurde Thomas Mann zum enthusiastischen Anhänger des Komponisten, dessen »Sympathie mit dem Tode« er in einem literarischen Porträt beschrieben hat. 1933 zerbrach die Beziehung an dem unseligen Münchener Protest gegen Manns Wagner-Rede, mit dem sich Pfitzner solidarisch erklärte.

Zehn Jahre schon war Bayern Pfitzners Wahlheimat; da erst, 1929, berief ihn die Münchener Musikakademie als Professor. 1925 war ihm der Orden pour le Mérite verliehen worden. Ein Jahr später traf ihn tief und lähmend der Tod der Frau. Er brauchte lange Zeit, um wieder produzieren zu können.

Damals brachte der Münchener Verlag Benno Filser seine gesammelten Schriften in drei Bänden heraus. Teile waren seit 1916 im Verlag der »Süddeutschen Monatshefte« erschienen. Mit deren Leiter Paul Nikolaus Cossmann verband Pfitzner eine tiefe Neigung seit Jugendjahren. Cossmanns national-mystischer Konservatismus zog ihn ebenso an wie die Persönlichkeit des jüdischen Publizisten, der früh zum Katholiken konvertierte, 1933 verhaftet, auf Pfitzners Einspruch bei Hindenburg entlassen und später nach Theresienstadt gebracht wurde, wo er 1941 umkam.

Pfitzner war Antisemit wie viele Konservative der vorhitlerschen Zeit. Doch seine besten Freunde, Cossmann, der Berliner Kaufherr Willy Levon, der Theaterkritiker Arthur Eloesser waren Juden wie Mahler, Bruno Walter, Leo Blech, Bernhard Sekles, für die er sich nach 1933 bei jeder Gelegenheit einsetzte. Ambivalent wie in allen Äußerungen seines aus Trotz und Nonkonformismus geprägten Charakters, richtete er, der im Nazireich oft unvorsichtig über Hitler gespottet hatte, 1946 ein teilnehmendes Telegramm an den Kriegsverbrecher und einstigen polnischen Generalgouverneur Hans Frank, der in Nürnberg zum Tode verurteilt worden war. Es gehört zu den Unverzeihlichkeiten, die sein Bild beflecken.

Ambivalenz auch in der Sprache des Musikers und Schriftstellers. Pfitzner war ein polyphon denkender Komponist, dessen Kammermusik meisterliche, dessen dramatisches Schaffen großartige Dinge enthält. Als Ernst Křenek 1925 in Kassel den »Armen Heinrich« gehört hatte, schrieb er ihm begeistert über die »tiefe Innerlichkeit und gehaltene Ekstase« des Werks. Es gibt eine Pfitzner-Harmonik, die über den »Tristan« hinaus chromatische Brücken zwischen entferntesten Tonarten schlägt. In der stets symphonischen Orchestermusik gibt es thematisch-motivische Organismen, die Tiefenbezirke von noch unerforschter Prägnanz aufsuchen. Pfitzners Sprache ist unverkennbar, am eindringlichsten in langsamen Sätzen der Sonaten und anderer Kammermusik, des »Palestrina«, des »Dunklen Reichs« mit Gretchens »Ach neige, du Schmerzenreiche« und der vergessenen Oper »Das Herz«. Neben Höhenflug und Tiefenlotung der Lieder (wie derer nach Texten von Eichendorff und Ricarda Huch) stehen freilich Banalitäten, in der Eichendorff-Kantate »Von deutscher Seele« Liedertafeleien.

Pfitzners künstlerisches Credo ruhte auf der Einfallstheorie, die er eifernd-invektiv gegen Paul Bekkers Beethoven-Deutung, später gegen Julius Bahle verteidigte. Wird bei ihm selbst der Einfall dünn, so spürt man es an trockenen und spröden Übergängen.

Die Schriften, von Wagner und Schopenhauer beeinflußt, erweisen ihn als profunden Kenner Shakespeares und Goethes, Webers und E.T.A. Hoffmanns, den er in einem Sonett preist. In Fragen der szenisch-musikalischen Wiedergabe nährt Ehrfurcht vor dem Kunstwerk seinen Zorn gegen anmaßenden Interpretengeist. Anders als mit dem priesterlichen Ernst seiner besten Musik blendete er im Leben und in seiner Prosa durch einen spontanen Wortwitz, der erhellen, aber auch töten konnte.

Seit Beginn des Hitlerreichs stand Pfitzner zwischen Fronten. Den 65jährigen entließ man 1934 aus dem Lehramt; zum 70. Geburtstag wurden offizielle Ehrungen verboten. Im Dezember 1939 schloß er die zweite Ehe. Als 1943 sein Münchener Domizil zerstört wurde, lästerte er vor den Trümmern: »Traurig, wenn einem alten Komponisten nichts mehr einfällt als sein Haus.« Die nächsten Jahre sahen ihn heimatlos, nur

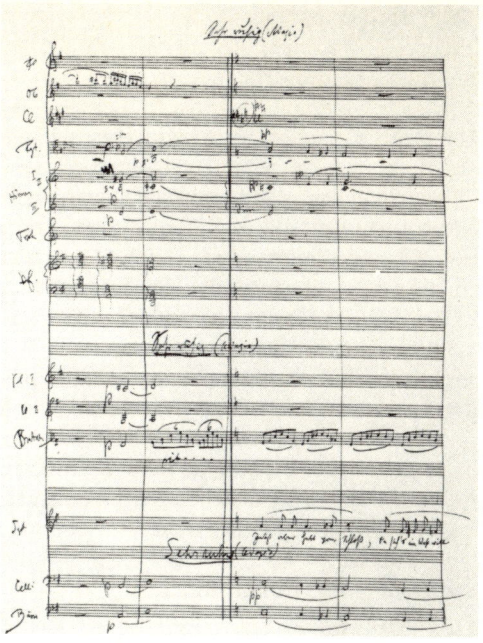

Aus dem Autograph des Liedes »Sonst«

kurz in Rodaun bei Wien seßhaft. 1945 ging er nach Garmisch-Partenkirchen, 1947 in ein Münchener Altersheim. Dort besuchte den politisch Vefemten sein einstiger Schüler Otto Klemperer; der Alte schimpfte auf alles Gegenwärtige. Schließlich verschafften ihm die Wiener Philharmoniker ein Asyl in Salzburg, wo er die bescheidenen Ehrungen zum 80. Geburtstag um siebzehn Tage überlebte und am 22. Mai 1949 starb.

Das Totenreich hat er nach einem Halbtraum als dunkles Gefängnis beschrieben, wo in Entsetzen, Furcht und vager Hoffnung die Stimmen irdischer Größe sich mischen: Schopenhauers und Luthers, Goethes und Giordano Brunos, Nietzsches und Kleists, Beethovens und Wagners, Napoleons und Bismarcks.

Von seiner längst nicht mehr zeitgemäßen Musik wird einiges viele zeitgemäße überdauern.

Zu diesem Buch

In der Hauptsache handeln die Texte dieses Bandes von deutschen Komponisten des neunzehnten Jahrhunderts. Lebensläufe werden dargestellt und Werke untersucht; dabei sind Einflüsse auf ihre eigene Tonsprache ebenso erwogen wie Wirkungen auf zeitlich benachbarte und spätere Musikschaffende. Um die geistige Herkunft deutlich zu machen, wurden einige Meister des achtzehnten Jahrhunderts mit einbezogen, als bedeutendster Johann Sebastian Bach.

Wirkungen auf die Nachwelt haben in vielen Fällen das Bild der Komponisten verändert. Solche Revisionen gehören zu den interessantesten Erscheinungen der Kulturgeschichte und besonders in der Musik. Im Wandel ihrer Geltung änderten sich auch oft die Aspekte der musikalischen Werke. Die Hörer von ersten Aufführungen waren vielfach schockiert, die Kritiker verständnislos. So erweisen sich allseits anerkannte »Klassiker« als ehedem moderne Umstürzler.

Man kann darum dieses Buch als eine Ergänzung meiner früher erschienenen Aufsatz-Sammlungen »Schöpfer der neuen Musik« und »Die großen Komponisten unseres Jahrhunderts I« betrachten. Ebenso wie dort ist die Auswahl der hier behandelten Erscheinungen nicht so sehr durch subjektive Anschauungen und Vorlieben begründet, als vielmehr durch sachlich übergeordnete Kriterien.

Ich habe außerdem noch eine sehr egoistische Absicht mit dieser Veröffentlichung. Immer wieder, und nicht nur in Deutschland, finde ich bei Fachleuten die Meinung verbreitet, ich sei ganz einseitig an den Künsten der Gegenwart interessiert. Man sieht in mir den Apologeten der Moderne, vor allem der Musik nach Schönberg. Dieses Vorurteil zu berichtigen, liegt mir am Herzen. Wer wie ich mit der Klaviermusik Frédéric Chopins aufgewachsen ist, den Zauber von »Tristan und Isolde« erfahren und die streng konservative Lehre Schönbergs in seinen Analyse-Kursen erlebt hat, kann auch die zeitgenössische Musik nur aus den Traditionen von Klassik und Romantik verstehen.

H. H. Stuckenschmidt

Quellenverzeichnis

Barocker Weltbürger
unter dem Titel »Händel und das musikalische Barock«
in Frankfurter Allgemeine Zeitung vom 14.4.1959

Die ewige Harmonie
unter dem Titel »Der mißverstandene Johann Sebastian
Bach« in Neue Zeitung vom 26.3.1950

Musik eines Europäers
unter dem Titel »Mozart als Europäer«
im Programmheft der Städtischen Bühnen Frankfurt am
Main zur Mozart-Festwoche 1956

Ein krasses Ungeheuer
unter dem Titel »Beethoven – Höhepunkt und Fortschritt«
in G. Schroers (Hrsg.), Beethoven im Mittelpunkt –
Festschrift des Internationalen Beethovenfestes,
Bonn 1970, S. 13 ff.

Winterreise und Herbstleid
in Neue Zeitung vom 18.11.1953

Thränenregen
in Frankfurter Allgemeine Zeitung vom 18.11.1978

Ein Gewissen der Musik
unter dem Titel »Felix Mendelssohn-Bartholdy«
in H. Heimpel, Th. Heuss, B. Reifenberg (Hrsg.),
Die großen Deutschen, Band III, Berlin 1959, S. 152 ff.

Zwischen Selbstmord und Wahn
wurde für den vorliegenden Band geschrieben

Offenbarung durch Klänge
in Neue Zeitung vom 16.10.1949

Fürst des Klaviers
unter dem Titel »Liszt in vielen Gestalten«
in Frankfurter Allgemeine Zeitung vom 21.10.1961

Das Volkslied der Großstadt
unter dem Titel »Offenbach wird wieder lebendig«
in der Monatsschrift »Uhu«, Berlin, Oktober 1930, S. 98 ff.

Die Kunst der Überredung
unter dem Titel »Wagner und die Kunst der Überredung«
in Neue Zeitung vom 12.4.1953

Bayreuth anno Hitler
unter dem Titel »Bayreuth. I – V« in Musikblätter des
»Anbruch«, Wien 15. Jg. 1933, Heft 1, S. 7 ff.

Das tiefbewegte Herz
in Neue Zeitung vom 27.1.1951

Ein Leben in romantischen Visionen
unter dem Titel »Johannes Brahms«
in W. Andreas, W. v. Scholz (Hrsg.),
Die großen Deutschen, Band 4, Berlin 1936, S. 148 ff.

Symphonische Riesenschlangen
wurde für den vorliegenden Band geschrieben

Besuch eines Adlers
unter dem Titel »Gustav Mahler«
in H. H. Stuckenschmidt, Die großen Komponisten
unseres Jahrhunderts I, München 1971, S. 21 ff.

Höllensohn
unter dem Titel »Notizen über Hugo Wolf«
in Neue Zeitung vom 22.2.1953

Geniale Maßlosigkeit
Text des Vortrages »Max Reger – Komponist zwischen
gestern und morgen« zur Eröffnung der Bach-Reger-Tage
in Ludwigshafen am 9.10.1973 – Erstveröffentlichung

Ein reiches Leben
unter dem Titel »Das reiche Leben«
in Neue Zeitung vom 9.9.1949

Das gestörte Idyll
in Frankfurter Allgemeine Zeitung vom 11.6.1964

Alles über »Salome«
in Der Tagesspiegel vom 24.4.1955

Das dunkle Reich
unter dem Titel »Ein Konflikt, den die Zeit glättet«
in Frankfurter Allgemeine Zeitung vom 5.5.1969

Abbildungsnachweis

Archiv für Kunst und Geschichte, Berlin (S. 8, 12, 14, 16, 18, 20, 22, 27, 44, 46, 55, 58, 71, 75, 78, 81, 85, 87, 91, 94, 96, 98, 99, 101, 104, 105-109, 112, 114, 123, 134, 139, 145, 149, 156, 159, 161, 163, 164, 166, 167, 172, 175, 179, 181, 183, 184, 186, 194, 197, 200, 202, 209, 212, 216, 219) – Burgenländisches Landesmuseum – Liszt-Museum Raiding (S. 103) – Gesellschaft der Musikfreunde, Wien (S. 24, 31, 57, 61, 89, 152) – Kleinhempel, Hamburg (S. 169) – Nationalarchiv der Richard-Wagner-Stiftung, Richard-Wagner-Gedenkstätte Bayreuth (S. 117, 118, 120, 126, 130) – Privatbesitz (S. 14, 110, 135, 188) – Süddeutscher Verlag München, Bilderdienst (S. 65, 67, 113, 125, 128, 132, 212, 214) – Ullstein Bilderdienst, Berlin (S. 11, 37, 116, 137, 205, 211)

CIP-Kurztitelaufnahme der Deutschen Bibliothek

Stuckenschmidt, Hans H.:
Schöpfer klassischer Musik: Bildnisse u.
Revisionen / Hans Heinz Stuckenschmidt. –
Berlin: Siedler, 1983.

Redaktion: Max Witthöft
Layout: Elisabeth Oswald
Reproduktionen: Decker, Berlin
Satz: Bongé & Partner, Berlin
Druck und Buchbinder: Mohndruck, Gütersloh
© 1983 by Wolf Jobst Siedler GmbH, Berlin
Alle Rechte, auch das der fotomechanischen Wiedergabe,
vorbehalten.
Printed in Germany 1983
ISBN 3-88680-089-X